世界で活躍する日本人エリートのシンプル英語勉強法

A Simple Method
to Learn English
for Globally Minded Japanese

SIMPLE

戸塚隆将
Takamasa Totsuka

ダイヤモンド社

INTRODUCTION

なぜ、いま英語勉強法を書いたのか？

数多くある英語勉強法の中で、本書を選んでいただきありがとうございます。

なぜすでに多くの英語勉強法の本が存在するのに、このタイミングで新しい本を書こうと思ったのか。まずはそこからお話ししていきましょう。

英語を身につけないなんてもったいない

多くの人の英語に対する思いは、次のような感じではないでしょうか？

「英語が大切なのはわかってる。でもどうすればいいかわからない……」

「何度か英語を身につけようとチャレンジしたけどダメだった……」

「コンプレックスなので、なるべく触れたくない分野なんだよな……」
「そもそも、英語なんて習得できないよ、いまさら……」

私はビジネスパーソンの英語習得を支援する立場にいますが、さまざまな人が実際に英語を上達させるのをこの目で見ています。たとえばこんな人たちです。

- ▼**大学受験以来、英語にまったく触れてこなかった**
- ▼**理数系出身で、英語が嫌いだった**
- ▼**海外旅行も含めて、海外経験がまったくない**
- ▼**いま現在、仕事で英語をまったく使っていない**
- ▼**英会話スクールに通ったけれど成果が出ずあきらめた**

さまざまな理由で、英語を遠ざけたり、挫折したりした人は多いと思いますが、そういう方たちに私が声をかけるとしたら**「もったいない」**のひとことです。どんな状況にあっても、正しい方法で、真剣に集中して取り組めば、誰でも英語を習得することができるのです。

「スマホや通訳に頼ればいい」わけではない

いまやスマホでも翻訳できるし、今後ＡＩが発展していけば、自分が英語を習得していなくてもいいじゃないか、という意見もあります。また、通訳者や翻訳者など「英語のプロ」にお願いすればいいと思っている人も多いでしょう。

たしかに、表面上のやりとりをするのであればスマホなどを使えばいいのかもしれません。しかし、**気持ちやニュアンスを伝え、心と心でつながるためには、たとえたどたどしかったとしても自分で英語を使えたほうがより伝わります**。

ＡＩや同時通訳者が24時間付き添ってくれたとしても外国人とは結婚できないでしょう。プライベートや仕事でも本当の友情や人間関係は築けません。

結婚も仕事も、信頼関係がいちばん大切です。信頼関係とは自分の言葉で伝えて初めて築けるもの。機械や通訳者を介すると、それは仲介者の言葉になってしまいます。**心を通わせるには、自分の言葉で伝えることが大切**なのです。

英語はただの「ツール」ではない。最高の「資産」である

英語に時間とお金を投資してもリターンを期待できない、という意見もありそうです。「英語に投資する時間があったら、他の得意なことに使いたい」。そういう人も多いと思います。人生のポートフォリオにおいて、英語に割く時間をなるべく増やさない、という人生戦略をとっているのでしょう。しかし、英語という資産への投資効果は絶大です。

英語は「ツール」である、という考え方があります。しかし私はあまりしっくりきていません。「ツール」というと誰でも使いたいときに使える、というニュアンスがあります。しかし、英語は人が「身につける」ものであり、その人に属するもの。ツール、というわりには、誰もが使えるものではありません。「英語はツールだ」とは言いにくいのではないか、というのが私の考えです。

では、英語は私たちにとって何なのか？　私は「資産である」と思っています。**英語は確実に私たちに利益をもたらしますし、体の内に溜まっていく資産**です。

英語力は、転職しても、独立しても、どんなことがあっても「自分」に帰属しています。しばらく英語を使わないと目減りはするかもしれませんが、本質的な英語力は大きく減ることはありません。

私が言うまでもなく、英語ができるといいことはいっぱいあります。給料がアップする、世界中に友人をつくることができる、視野が広がる、自信が増す、などです。まさに好循環になるのです。

また、**英語は究極の自己啓発である**、と思っています。

英語を身につける過程、学ぶプロセス自体にも大きな意味があります。その証拠に**英語を学んでいる人で後ろ向きな人は見たことがありません**。ふだんの仕事にも前向きで、人生を良くしたいと願っている人ばかりです。逆に言えば、英語を身につけようと奮闘しているあいだは、つねに前向きになれる、ということも言えそうです。

英語を始めるのに年齢は関係ない

英語をあきらめる言い訳としてよく聞くのが「年齢」です。

「もう40歳を過ぎているし……」「30代後半まで英語を身につける気はなかったし……」と、年齢を言い訳にしている人も多いでしょう。

しかし、断言しますが、年齢は関係ありません。何歳になっても英語を習得しようという意志と、これからご紹介する勉強法をきちんと実践すれば、ちゃんとリターンはあります。

私が主宰する英語プログラムの受講生の半分弱は40代です。そして、実は40代がもっとも学習の成果が出る年代なのです。それは「後がない」という思いがあるからです。大人になってから英語を学ぶには、集中力と本気度が必要です。**30代後半を過ぎ、「最後のチャンスだ」と思って集中して取り組む人は成果が出ます。**

20代は先延ばしが可能なので「まだまだ時間がある」と思ってしまい、「他に楽な勉強法がないかな」などと迷ってしまうことがあります。意外と20代は続かない人も結構います。

受講生には30代後半も多いですし、50代も少なくありません。年齢は関係ありません。どれだけ集中して、本気になれるか、が大切なのです。

もちろん「英語を学ぶか、学ばないか」は自由です。ただ、**英語を学ぶことは確実にあなたの資産になり、人生を充実させることができる**ということはお約束します。

あなたは「目指すべき英語」を間違えていないか

英語を懸命に身につけようとしているけれど、目指す方向を間違えたがゆえに必要以上に苦しんでいる人もよく見かけます。

「ペラペラ話せるようになりたい」「ネイティブのように華麗に話せるようになりたい」。そういう夢を持って取り組んでいる人は、実は英語を身につけづらいのです。

それはなぜでしょうか。説明していきましょう。

ゴールドマン、マッキンゼーで成果を出す人は「英語ペラペラ」ではない

私はゴールドマン・サックスとマッキンゼーという会社で働いてきました。そのなかでグローバルに活躍する日本人を多く見てきました。彼らがどのような英語を使っていたか、イメージできるでしょうか？

もしかすると、ネイティブスピーカーのような綺麗な発音で、難しい英単語や表現を随所に散りばめ、よどみなくペラペラと話をする――。そんな姿を想像するかもしれません。しかし、彼らの英語はそうではありません。

むしろ、**日本語アクセントの残る英語で、聞き慣れた単語や表現のみを用い、ゆっくりと手短に話をする**。そういう人が多かったのです。

そして、そうした英語を使う人のほうがきちっと結果を残していました。彼らが英語で仕事をしている姿を目にすると、事前にイメージしていた姿とその実態に大きなギャップを感じるはずです。

目指すべきは「シンプルな英語」だ

こうした**「簡単で、わかりやすく、ゆっくりした英語」**は、別の言い方をすれば、**「用件をまとめて、簡単な単語や表現のみを用い、しっかり伝える」**というスタイルであるということです。

彼らが使いこなす英語の特徴をひとことでまとめれば「シンプルな英語」と言えるでしょう。だらだらと余分な口を開かずに、わかりやすい表現を用い、日本語アクセントを過度に気にせず、自信をもって、明確な主張を伝える。

多くの人は英語を難しく考えすぎていて、また、難しい英語を使おうとしすぎていて行き詰まっています。「ペラペラ話せるネイティブ」を目指したがゆえに、目的が不明確になってしまい、迷子になってしまっているのです。

本書が目指すのはネイティブのようなペラペラ英語ではありません。日本人が身につけるべきは「シンプルな英語」なのです。

詳しくはCHAPTER3でお伝えしますが、「シンプルに伝える英語」を身につけるための6ステップを簡単にご紹介しておきます。

ステップ1　「ブロークン」でもいいからとにかく話す
ステップ2　正しい発音を「まず頭で」理解する
ステップ3　英文を「前から」解釈しながら読む
ステップ4　「音読とセットで」ひたすら聴く
ステップ5　結論と根拠を明確にして「ロジカルに」書く
ステップ6　かならず「フルセンテンスで」話す

この6ステップは、とてもシンプルなアプローチです。それは、**「基本に忠実に学ぶ」**ということでもあります。

英語の勉強法に詳しい人にとっては、目新しいことは少ないかもしれません。しかし、これこそが英語力を伸ばすうえでのいちばんの近道であり、最短最速で英語を習得する方法なのです。

苦労した経験をもとに編み出した「最強の勉強法」

先ほども少しお話ししましたが、私は大学を卒業後、ゴールドマン・サックスに新入社員で入り、その後ハーバード・ビジネス・スクールでＭＢＡを取得し、マッキンゼーで働いてきました。そして現在は、ビジネスパーソン向けの英語習得プログラムを主宰しています。

こうお伝えすると「海外での生活が長かったのではないか？」「帰国子女だったのではないか？」などと疑問に思われるかもしれませんが、そんなことはありません。

両親はともに日本人。ハーバードでMBAの勉強をするまで長い海外生活を送ったこともありません。英語学習も大学の受験勉強がメインでした。英語を身につけやすいような特別な環境にいたわけではないのです。英語に興味があったことは事実ですが、スタートはみなさんと同じだと思います。

本書では、**いわゆる「純ジャパニーズ」「非ネイティブ」で本格的な海外生活の経験もない私が、いかに英語を身につけてきたかをすべて披露します**。

私もいくつもの壁にぶつかりながら、いろんな遠回りをしてきました。英語はすぐに身につく、とは言いません。それなりの努力は必要です。しかし、私の経験をお伝えし、その経験の中から得られた数々のノウハウ、テクニックを共有することで、本書を読むみなさんが「余計な努力」をしなくてもすむよう願っています。

「日本人に合った」英語習得の方法がある

私の英語習得プログラムは、もともと英語の苦手な友人のために開いていた勉強会が始まりでした。その勉強会を通じて、その友人は**1年半でTOEIC300点台から900点超えを実現**したのです。

一方で私も、英語に自信はあったものの、上級者なりに英語への苦手意識がありました。そこで、初級者のみならず、上級者にも求められる実践的な英語習得法を考えるようになったのです。

日本人は誰でも、どんなレベルでも「英語が苦手」と言います。それはなぜだろうか、と考え続けました。

辿り着いた答えは、日本人の目指しがちな**「ペラペラ話す」という目標がいけない**、ということでした。そこから「シンプルな英語」を効率的に習得するにはどうすればいいかを体系的に整理し、プログラムに落とし込んでいったのです。

そのような経緯で開発された英語習得のプログラムには、私のこれまでの経験やノウハウ、スキルがすべて入っています。壁にぶつかりながら、遠回りをしながら、導き出した「答え」をここにすべて注ぎ込んだつもりです。

おかげさまで結果も次々に出ています。

たとえば、**ＴＯＥＩＣ４００点台からスタートし、スコアを４００点以上もアップさせ、その後ニューヨークオフィスに異動し、数少ない本社勤務の日本人として活躍するアパレル会社の女性**がいます。

英語への苦手意識を払しょくし、**海外本社との20人の電話インタビューを突破し、入社の機会を勝ち得たＩＴエンジニアの男性**もいます。

さらに、日本人が意見を通すための力を身につけ、**国際条約締結の場で、日本の国益を背負い、多国籍間の交渉業務に従事する女性**もいます。

本書ではこのプログラムの全容をお伝えし、日本人全体の英語力アップに貢献したいと思っています。

「勉強法」で迷っていては一生英語はできない

本編に入る前に、ひとつお伝えしておきたいことがあります。

英語がなかなか上達しない人に見られる共通点についてです。それは**「いろんな勉強法を試し続けている」**ということ。

英語は、「今日取り組めば明日結果が出る」というようなものではありません。よって勉強を続けるなかで、「他にもっと効率のいい方法があるのではないか」とあれこれ探したくなってしまう人もいるでしょう。

これには、2つのパターンがあります。

ひとつは「目の前の学習が辛いため楽なアプローチを探してしまう」というパターン。もうひとつは「英語学習のアドバイスをくれる人がまわりにいるため、途中で他のアプローチにも手を出してしまう」というパターンです。

後者のパターンはいろいろと試していて良さそうにも見えますが、それぞれの練習への集中度は散漫になりがちです。よって、頑張って取り組んだにもかかわらず、思ったほどの成果が感じられません。やはり、やると決めたらひとつのことを信じてやることが大切です。半信半疑であれば取り組まない方がいいとも言えるでしょう。

目の前の学習アプローチを信じて取り組む。ぜひそれを忘れないでほしいと思います。

そして、その**信じるべきアプローチこそが、これからご紹介する英語習得法であること**を念押ししておきたいと思います。

それでは早速、シンプルに伝えるための英語勉強法を伝授していきましょう。まずは、英語学習者が陥りがちな「誤解」から見ていきましょう。

CONTENTS

世界で活躍する日本人エリートのシンプル英語勉強法

CHAPTER 10

英語のテクニックより大切なもの

CHAPTER 1

なぜか英語が身につかない人の5つの誤解

Rule

1 「とにかく単語を暗記すればいい」という誤解

具体的な勉強法をご紹介していく前に、日本人が英語に取り組むときに抱きがちな誤解をお伝えしておきましょう。

まずは多くの人が悩む「ボキャブラリーの増やし方」についてです。

英語のボキャブラリーをどのように増やしていくかは、私たちの永遠の課題です。英文を読めば、毎回と言っていいほど知らない単語に出合います。これは、初級者であっても上級者であっても、みんなに共通することです。

はたしてボキャブラリーはどのように強化していけばいいのでしょうか?

知らない英単語に遭遇したときにやってはいけないことは、日本語の意味を丸暗記しようとすることです。特に、ひとつの単語に対して、ひとつの日本語を「対」で暗記するようなことは避けなければなりません。

単語の意味がわからないのに暗記をしてはいけないとはどういうことか、と思われるかもしれません。実は、ボキャブラリーを増やすのに必要なことは「英語の言葉を必ずイメージでとらえる」ということなのです。

英語と日本語を「1対1」で暗記してはいけない

たとえば「river」という言葉を見聞きしたときに、とっさに「川」という日本語が思い浮かぶのは理想的ではありません。

まずは**「水の流れ」が思い浮かび、その後、それをもし日本語に置き換えるとすれば「川」という語が頭に浮かぶ**、というのが理想の流れです。river のようにシンプルな語であれば「river = 川」と対で丸暗記しても、問題にならないかもしれません。しかし、英語と日本語の意味が1対1で対応しているのは稀です。

他の例を見ていきましょう。たとえば「immediate」という英単語に出合ったとします。immediate を辞書で調べると以下のような意味が出てきます。

immediate：即時の、すぐの／差し迫った、急な／接近した、周辺の／直近の、すぐ

次の／直接の、直の、直属の

もし、あなたが「immediate＝即時の」と対で暗記をしていたら、たとえばimmediate supervisorという表現に出くわしたときに理解できないでしょう。immediate supervisorとは「直属の上司」のことですが、「即時の上司」では意味がわかりません。

辞書で調べたときは、かならず複数の意味に目を通し、その単語をイメージでとらえる習慣をつけることです。immediateという語は、時間的にも、空間的にも、人間関係的にも「とても近くにある」というイメージです。

他の例も見ていきましょう。「busy」という単語にどんなイメージを持つでしょうか？　多くの人は「忙しい」という訳が思い浮かぶでしょう。しかし、busyは「忙しい」よりも広がりのある語です。たとえば以下のような使い方があります。

This train is busy at this time of the day.
（この時間帯、この電車は混雑している。）

つまり、busyは、時間的にも、空間的にも「ごちゃごちゃと混在している」状態がイメージできます。

辞書で複数の意味に目を通し、ざっくりとイメージができたところで、その場にふさわしい訳語を頭に入れます。しかし、それを「1対1」で暗記せずに、今回でいえば「直属の」「混雑している」という訳語を頭に入れつつも、その周辺をぼんやりイメージしておくのです。そうすれば次回以降、別の意味に遭遇したときに応用が利くはずです。

Point

単語は丸暗記ではなく「イメージ」で捉える

Rule

2 「話せないのは語彙力がないから」という誤解

「私の課題は語彙力ですね」

「先日テストを受けたら単語がわからず、やはり語彙力が課題です」

英語に伸び悩む人からよく聞くセリフです。こうした**「語彙力不足」を課題と認識している人は、なかなか成果が出にくい傾向**にあります。

それはなぜでしょうか。語彙を積み上げなければいけないというのは、言語を学ぶ以上当然のことです。語彙力強化は自転車と同じ。ペダルを常にこぎ続ける必要があります。終わりはないのです。

知らない語にはかならず遭遇します。大切なのは、新しい語に出合うことを最初から想定し、それにポジティブに向き合う姿勢です。初学者でも上級者でも、語彙力強化は常に必要であり、**見知らぬ単語に出くわすことは、どんなレベルになっても永遠に続く**

ものだと、認識しておきましょう。

英文を読んでいてわからない単語にぶつかったら、まず英文の構造をしっかり捉え、前後から類推してみます。そして、もしキーとなる単語の意味が理解できないのであれば、辞書で調べます。「語彙力が課題です」と口にする人の多くは、英文を読んだり、聴いたりするときに、辞書を調べる手間を省く傾向にあります。面倒でもきちんと辞書をひき、すべての訳に目を通し、自分なりのイメージを把握することが大切なのです。

「英単語帳で片っ端から覚えればいい」という誤解

多くの英文に触れ、単語のイメージを蓄積させたら、次に行なうのは単語を整理することです。たとえば「immediate」という単語に何度も遭遇し、そのたびに辞書を調べたとします。

I have to leave here immediately.
（私は、直ちにこの場を去らなければいけない。）

He is my immediate neighbor.
（彼は、私のすぐ近隣の住民です。）

My immediate boss is on a business trip this week.
（私の直属の上司は、今週は出張に出かけています。）

毎回辞書で調べるうちに、徐々にimmediateという単語に目が慣れてきます。次に、「明確に何を意味しているのか、ちょうどいい訳語がすぐに出てこない」「なんとなくわかるようでわからない」という状態になります。おぼろげなイメージがありつつも言語化できない、という状態です。

この段階に達した単語が増えてきたところで、英単語帳を使って意味を「整理」していくのです。**市販の英単語帳を前からめくっていき、見たことのある単語にリズミカルにチェックをつけていきましょう**。見たことのない単語は、当面無視をしていても構いません。次に、チェックをつけた単語についてのみ短時間で機械的に暗記していきます。

いま「暗記」と言いましたが、単なる丸暗記とは異なります。すでに馴染みのある語を覚えることは、ゼロからまったく見覚えのない語を頭に詰め込むのとは違い、それほどの労力はかかりません。

さらには、頭に入れた単語が次の週には抜けてしまうこともありません。それは、暗記のように見えて実は、うろ覚えの情報を自分の頭のなかで「再整理」しているに過ぎないからです。結果、効率的に、かつ、実践的な状態でボキャブラリーを増やしていくことが可能になるのです。

この方法は、似たような綴りで混乱しがちな単語が増えてきたときも有効です。たとえば「contribute と attribute」「subscription と description」などです。

実際の英文で見たことのない単語を英単語帳で「1対1」で丸暗記するのは非効率です。これをやると、そもそもひとつの単語を習得するために、膨大な暗記プロセスが必要になるばかりか、せっかく暗記した単語が英文に登場しても、覚えた訳語しかわからないため正確な意味を捉えられなくなるのです。

Point

イメージを蓄積したら、英単語帳を使って一気に「整理」する

Rule

3

「英語学習はスキマ時間でやればいい」という誤解

忙しいビジネスパーソンにとって、スキマ時間を有効に使うことは大切です。まとまった時間は、なかなかとれないもの。よって、通勤の電車の中や、昼食のあと、自宅に戻ってから寝るまでの時間を活用して英語を学ぼうとしている人も多いでしょう。

こうしたスキマ時間を利用することは英語力のアップに一定の効果はあるかもしれません。実際に私もスキマ時間を活用することはあります。

ただし、スキマ時間は、あくまで「スキマの時間」です。その時間だけで英語を学習しようとしても、そこで費やせる時間はあまりに限られています。毎日休まずコツコツ5分間、英単語3個ずつを覚えたとしましょう。1年間毎日休まず続けて、やっと1000個です。しかし、これも「3個ずつ忘れずに積み上げた」という想定のもとです。実際は、5分のスキマ時間とは別に、以前取り組んだ単語を復習する時間や、文章の中で単語の意味をイメージしながら実践の場で使えるように覚えていこうとすると、5分では無理でしょう。毎日休まず5分ずつ取り組んでも、その成果は知れています。

スキマ時間に英語を学んでいる人は、とても意志の強い人に見えます。しかし**「スキマ時間だけ」を使って英語を学ぼうとするのは土台無理な話**なのです。

大切なのは「スキマ時間であっても英語に触れたくなる」というポジティブなサイクルをまずは作ることです。英語を習得するうえでは、スキマ時間の活用からスタートするのではなく、まず**まとまった時間を確保して短期集中的に基礎力を身につける**アプローチから始めなければなりません。

英語学習の優先度を引き上げる

忙しいビジネスパーソンが、英語学習のための時間を確保するには、いったいどうすればよいのでしょうか?

その方法はたったひとつしかありません。それは、**英語学習の優先度を仕事の会議と同じレベルまで引き上げる**ことです。

「時間ができたら英語に取り組もう」「仕事が一段落したら英語に挑戦しよう」などと

いう姿勢でいる限り、学習に費やす時間は永遠に得られません。**英語学習に使う時間を確保するには、「暇だから取り組む」という優先順位の低い状態から「かならず取り組む」という最優先課題に格上げするしかない**のです。

最優先課題として取り上げるということは、仕事と同じレベルに引き上げることです。さらに言えば、大切な顧客との会議と同レベルにすることが望ましいでしょう。

私はこうして時間を確保してきた

私もＭＢＡの受験勉強のとき、英語学習の優先順位を仕事と同レベルまで引き上げようと努めていました。とはいえ、当時はまだ20代でしたので、仕事の進め方やタイミングを自分の判断でコントロールすることは難しい立場でした。

そこで私が取り組んだのは、平日の夜、仕事後の英語学習を日課とすることでした。さらには、英語の学習をあたかも「残業」として位置づけたのです。

ゴールドマン・サックスでは、夜遅くまでの残業はほぼ毎日のことでした。オフィスの近くで夕食をとり席に戻る。そして、気持ちを切り替えて集中して残業する。これが日常的な平日の過ごし方だったのです。

仕事が終わればまっすぐ帰宅したくなるところを、私はかならず帰り道にオフィス近くのカフェに立ち寄り、英語のテキストを開きました。会社近くのカフェにいると気持ちは仕事モードのままなので、自然と集中することができました。これにより生産性が格段に上がったばかりか、学習時間の確保が安定的になり成果を感じることができたのです。

ここで大切なことは、**オフィスを出て自宅に戻る際に「まだ仕事が残っている」という感覚でいる**ことです。「やっと仕事が終わった」という解放感とともに退社したのでは、せっかく得た束の間の時間を英語学習に費やそうという気にはなりません。やり残した仕事に取り組むのと同じように、英語学習に向き合う気持ちを生み出すことが大切なのです。

Point

まず英語学習の時間をきっちりと確保しよう

Rule 4

「1万時間勉強すれば英語は身につく」という誤解

「何時間勉強すれば英語ができるようになるのだろうか?」

そんな疑問を持つ人は多くいるでしょう。これから自分の大切な時間を投入するのだから、当然の思考です。

しかし私は、このような質問には**「あと何時間学習すればよいのか、という発想をしないようにしてください」**とアドバイスします。現に英語学習で成果を出す人は、そういう発想をしない人が多いのです。

そもそも私たちは、中学・高校などで英語の授業を受けてきました。そこで費やした英語学習の時間は何千時間という膨大な時間です。それなのに現実には、同じように授業を受けてきたにもかかわらず、英語ができるようになる人と苦手な人に分かれます。

1000時間、2000時間と英語を勉強してきても、英語ができる人とそうでない人がいる。「何時間英語を学ぶかどうか」は成果には直結しないのです。つまり**「○時間勉強すれば英語ができるようになる」という発想自体が間違っている**のです。

これをやればOKというものではない

話は変わりますが、よく若い人から起業のアドバイスを求められることがあります。「どうしたら会社を経営することができますか?」「将来会社を上場させるにはどうすればいいでしょうか?」……このような質問に対して「これをすればかならず成功する」という答えはありません。

成功者の代表例として、スティーブ・ジョブズ氏の言葉に目を向けてみましょう。ジョブズ氏はスタンフォード大学で行なった有名なスピーチの中で、以下のように語っています。

The only way to do great work is to love what you do.
(仕事で成果を出す唯一の方法は、自分の好きな仕事に取り組むことだ。)

これは、これから世の中に出ていく学生たちに、ビジネスにおける成功の秘訣を語ったものです。ここで「好きなことに取り組みなさい」という抽象的なアドバイスをした理由は、結局ビジネスは「これとこれをやればかならず成功する」というものではない、ということでしょう。

英語に話題を戻しましょう。

「あと何時間」という発想は「質」を疎かにして「量」だけを追い求めてしまう悪循環を生みだします。「あといくつ単語を暗記したら英語を話せるようになるか」という発想も同様です。英語コミュニケーションは複合的で、単語を知っているかどうかだけで測れるものではありません。

「あと500時間勉強したら英語はできるようになる」「あと500個単語を覚えたら日常会話に困らなくなる」といった発想に逃げたくなる気持ちはわかります。しかし、英語を身につけるためには、このような発想の転換をすることがとても大切なのです。

Point

「あと○時間」「あと○語覚える」といった発想を捨てる

Rule 5 「中学・高校の英語は無駄だった」という誤解

私たちは、中学や高校時代に英語を学んできました。一説によれば、それは授業時間だけで数百時間と言われています。自宅学習や塾、予備校で費やした時間も含めれば、数千時間とも言えそうです。

これだけの時間を費やしたにもかかわらず、なぜ英語ができないのでしょうか？

その理由として、日本の英語教育は「読む」ばかりで「話す」機会が少ないと言う人がいます。文法や単語を暗記するだけなのが良くない、と言う人もいます。また、先生がネイティブではなく日本人だから英語ができないのだ、という意見もあります。学校や文科省のせいにする人も多くいます。

ただ、日本の英語教育に改善点があるとしても、すでに大人になってしまった私たちが過去の学校教育を批判しても仕方がありません。

そこで私たちがやりがちなのが、過去の教育を否定したい思いからでしょうか、改めて英語を身につけるときに、いままで積み上げてきた英語の基盤をすべて忘れ、1から学びなおそうとすることです。また、英語を学ぶ相手はネイティブでなければならない、という思いから、ひたすら英会話の機会を求めてみたり、文法を無視して英文を聴き続けてみたり、ブロークンでひたすら英語を口にする環境を求めてしまったりします。

パッと見てイメージが浮かぶのは英語の土台がある証拠

しかし、**日本人が中学・高校時代に積み上げてきた英語力のベースは、私たちが想像するよりもしっかりしたもの**です。これらの土台をすべて捨て去り、1から別のアプローチをとる必要はありません。むしろ、その土台の上に積み上げる方が、最短最速で英語を身につけられるのです。

私たち日本人にどれだけ英語のベースがあるのかを見ていきましょう。以下の3つの言語を見て、おおよその意味を想像できるでしょうか？

▼ Je l'aime.

▼Andiamo a vedere un film.
▼你是哪里人

Je l'aime. はフランス語です。そもそも、どのように発音をすればよいのか、フランス語を学んだことのある人以外にはわからないでしょう。当然、意味もわかりません。しかし、これを英語で表現すると、I love it.（または、I love him/her.）となります。これならば、私たち日本人の大半の人が読め、意味もわかるでしょう。

Andiamo a vedere un film. を読める人は、ほとんどいないでしょう。私もまったく読めません。何語かさえも想像できません。実はこれはイタリア語です。

そして、この文章を英語で表現すると、Let's go to see a movie. となります。これならばわかるはずです。

你是哪里人は漢字だから、日本人には、少し馴染みはあるかもしれません。しかし、中国語の標準語である北京語で使われる簡体字を読める人は、少ないでしょう。意味も想像つきません。

これを英語で表現すると、Where are you from? です。これならば、義務教育で目にした基本的英文です。誰もが理解できます。

このように、**日本人にとって英語は、他の外国語と異なり、理解するための確固たるベースがある**のです。中学・高校時代の英語学習は捨てたものではありません。

中学・高校時代に学んだ英語の土台を活かしながら、さらに昇華させていく発想が大切と言えるでしょう。

Point

日本人の英語ポテンシャルは思っている以上に大きい

CHAPTER 2

英語は「伝える」ためにある

Rule

1 英語ペラペラになる必要はない

英語はなぜ必要なのか？　改めて考えたことはあるでしょうか。

英語は、当たり前ですが、**「メッセージを伝える」ため**にあります。伝えることがいちばん大切であるにもかかわらず、日本人はついつい「カッコよく話したい」「恥をかきたくない」といった思いを優先しがちです。これが英語の習得を妨げている原因だと私は考えています。**「コンプレックス」や「自分がどう思われるか」以上に「伝える」ということが大切**だということを忘れてはいけません。

まず「私たち日本人はネイティブスピーカーにはなれない」ということを認識しましょう。日本人は、どんなに英語を勉強し、何年も英語圏に住んでも、非ネイティブスピーカーのままです。英語の語彙の量や表現力は、ネイティブレベルまで到達することはありません。発音もどんなに努力をしてもネイティブレベルまでは改善しません。

どんなに努力をしても、ネイティブスピーカーレベルの英語力の習得は不可能。もしそれをゴールにするのであれば、来世で生まれ変わるしかありません。そもそも「ペラペラになる」ことが達成不可能なゴールであることを理解しておきましょう。

英語力以前に「伝える」うえで大切なこと

大切なのは、英語コミュニケーションを身につける本来の目的に帰ることです。それは「伝える」ということです。

伝えるためには、英語力以前に大切なことがいくつかあります。

①大きな声で話す

当たり前ですが、聴こえなければ伝わりません。しかし私たち日本人は、自信のなさからか、声が小さくなりがちな傾向があります。伝えるためには、まずは大きな声で話すことです。こちらの主張を理解し納得してもらうためには、まず、堂々と伝えることが最低限私たちにできることです。そのとき、日本語のアクセントは残っていても堂々と話す。それが第一歩です。

②「結論」と「根拠」を示す

だらだら、ぼそぼそと、どこにいくのかわからない話し方では伝わりません。伝えるべきメッセージの「結論」を明確にし、**結論からまず述べる**ことが大切です。

次に、**結論を支える根拠を明示**します。結論と根拠の流れがしっかりしていれば、論理的なコミュニケーションができます。

③メッセージの中身をハッキリさせる

結論や根拠を示す以前に、**伝える中身を明確に持つ**ことも重要です。「私はこう思う」という明確な意見、自分の立場、好き嫌い、白黒をはっきりさせましょう。

あいまいな立場を表現するには、より高度な英語の表現力が求められます。もし、自分の立場があいまいな場合は、あいまいな意見をだらだらと話さずに、まず冒頭に「私の意見はあいまいだ」と伝えるべきです。これが結論になります。

ただ、どんなテーマに対してもあいまいな意見しか持たない人は発言する必要がありません。やはり、伝える中身を持つこと。意見を持つというのは、英語コミュニケーションをする上で不可欠なことなのです。

④簡単な言葉を使う

なるべく簡単な言葉を使いましょう。よく耳にする単語を使えば、こちらの発音が下手であっても、相手に聴き間違われるリスクは下がります。

伝えるときは、自信をみなぎらせることが必要です。にもかかわらず、コミュニケーションに使う英単語に自信がなければ、発言から説得力が失われていきます。よって、自分の知っている単語を使うのが望ましいのです。

Point

大きな声で、ハッキリ話すことから始めよう

Rule

2 世界のVIPが話す「シンプルな英語」

ペラペラな英語を目指す必要はない。シンプルに「伝える」英語を身につけましょう。そうお伝えしました。では、「シンプルに伝える英語」とは具体的にどういうものか。いくつか例を見ていきましょう。

まずは、カルロス・ゴーン氏の英語です。日産自動車および仏ルノーの会長を務め、私たち日本人にとって、グローバルに活躍するビジネスリーダーの代表といえる人物でしょう。

ゴーン氏の英語は、フランス語アクセントが残り、あきらかに英語のネイティブスピーカーではないことがわかります。それでも同氏の英語は、切れ味が鋭く説得力にあふれています。そして、その伝え方はシンプルそのもの。まさに「シンプルに伝える英語」の良い例と言えるでしょう。

会場からの質問

How different are the corporate cultures at Nissan and Renault?

（日産とルノーの社風はどのくらい違いますか？）

ゴーン氏

I would say, between Nissan and Renault, the differences are very big. Very big.

（私の意見では、日産とルノーの違いは、極めて大きいです。極めて、大きい。）

I mean, there is absolutely no similarity between the two corporate cultures.

（つまり、この２社の社風には共通点がまったくありません。）

上記のやりとりは、ゴーン氏が講演で日産とルノーの企業文化の違いを聞かれたときのものです。

ゴーン氏は、聞き手の質問が終わると同時に答えを提示します。その結論は「very big（極めて大きい）」です。さらに結論を明確にするために「very big（極めて大きい）」を繰り返します。そして、その結論をさらに別の表現で言い直します。それは、「no similarity（まったく共通点がない）」です。これであればゴーン氏の結論が何であるのか、どんな相手にもしっかりと伝わるでしょう。

そして、その結論を支えるために根

拠を示します。それぞれの会社の特徴を述べていくのです。ゴーン氏はこの受け答えのあとに「日産は～」「ルノーは～」という具体的な話を比較していきます。

簡単な英語でシンプルに表現する

この表現の特徴は3つあります。

①結論が明確で、短く、わかりやすい
②論理が明確で、ストレート
③簡単でわかりやすい語彙

結論は「very big」「no similarity」です。だらだらと表現せず、端的にわかりやすく表現しています。結論を支える根拠も、各社の事例を紹介しており明確です。さらに、similarityは、similar（「類似している」）の名詞形であり、頻出単語のひとつ。簡単な単語を使っています。

やはり際立っているのは、質問が終わると同時に答えるほどの「明確な意見」を持っていることです。よって、中身に切れ味があります。

ここでもし、日産の例、ルノーの例を表現する際に細部の説明に深入りしすぎると、知らない英単語に突き当たってしまい、口ごもってしまうでしょう。そして、結論にたどり着く前にだらだらと混迷してしまい、さらに自信がないものになっていきます。そして、何を伝えたいのかがわかりにくくなっていくでしょう。

やはり、**冒頭に、簡単な表現（very big）を持ってくると、説得力が増す**ばかりか、英語のコミュニケーションにも成功します。

①結論の明確さ、②論理のストレートさ、③表現のわかりやすさ、これが「シンプルに伝える英語」のポイントです。

Point

結論を明確にして、まず最初にハッキリと伝えよう

Rule

3

ジョブズのスピーチは究極にわかりやすい

もう少し例を挙げていきましょう。

スティーブ・ジョブズ氏によるスタンフォード大学卒業式での有名なスピーチも「シンプルな英語」の好例です。約15分のスピーチは、シンプルなメッセージ、論理、表現で構成されています。

まずジョブズ氏は冒頭で「人生の学びを3つ伝えることが本日の目的である」と伝えています。これが「明確な結論」です。本来は、どのような3つの学びなのかを冒頭で伝えることが結論の明確さを生み出しますが、ここではあえて聴き手を引き込むために具体的な内容を伝えていません。それでも**「今日の目的は3つの話をすることだ」という言葉から始めることで、わかりやすさが生まれます。**

Today I want to tell you three stories from my life. That's it. No big deal. Just three stories.

（今日は、私の人生から３つの話をしたいと思います。ただ、それだけです。大げさなことではありません。わずか３つの話をするだけです。）

〈中略〉

The first story is about connecting the dots.

（最初の話は、点のつながりについてです。）

〈中略〉

My second story is about love and loss.

（２つ目の話は、愛と喪失についてです。）

〈中略〉

My third story is about death.

（３つ目の話は、死についてです。）

同時にその話が3部構成であることを伝えています。ここでも、論理構成が明確に提示されています。そして、その後のスピーチの中で、論理構成を理解するための助けとして、各部の冒頭に「first（第一に）」「second（第二に）」「third（第三に）」と目印となる言葉を加えています。これにより論理構成が一層わかりやすくなっています。

そこで使われている英単語は「connecting the dots（点のつながり）」「love and loss（愛と喪失）」「death（死）」という簡単なものです。

ジョブズ氏のスピーチには、ゴーン氏の受け答えとの共通点があります。つまり、**①結論が明確にあり、②論理構成がストレートで、③簡単な言葉を使っている**、ということです。卒業式という晴れの場で、15分のスピーチを聴く側は、じっとしていられないものです。だからこそ、「シンプルに伝える英語」が徹底されているともいえるでしょう。そして、これらが、私たちノンネイティブスピーカーが目指すべき英語のゴールなのです。

ジャック・ウェルチの英語は「表現」が簡単

もうひとり、米ゼネラル・エレクトリック社の元会長であり、名経営者として知られるジャック・ウェルチ氏の英語を取り上げましょう。以下は、CNNのインタビューで中国の台頭について聴かれた際の受け答えです。

ウェルチ氏は中国について聞かれて、即座に「Excite me!（気持ちが高ぶりますよ！）」と答えます。質問が終わる前に、聞き手をさえぎるような間髪入れない受け答えです。そして、その理由として「huge（巨大）」と述べています。

さらに、巨大な市場を支える具体例として、13億人の人口が存在しそれらの人々がす

CNN質問者

Do they scare you or excite you, the Chinese?

（中国人に対して、恐れを感じますか、それとも、気持ちが高ぶりますか？）

ジャック・ウェルチ氏

Excite me!

（気持ちが高ぶりますよ！）

They’re huge! A billion, 300 million people.

（巨大ですね！ 人口が13億人です。）

All I see are consumers. All I see here is opportunity.

（彼らは皆、消費者です。チャンスだらけです。）

べて消費者だ、と持論を展開しています。

そして最後に、再度自分の結論である「excite me（気持ちが高ぶる）を「opportunity（機会）」という語で言い換え、**結論、根拠、結論というサンドイッチ構造で端的に答えて**います。

際立っているのは、やはり結論の明確さです。scare you（恐れを感じさせる）か、excite you（気持ちを高ぶらせる）か。別の言い方をすれば、threat（脅威）か opportunity（機会）かと言えば、opportunity（機会）という明確な意見です。

そして、シンプルな論理を展開していきます。「なぜかといえば、市場が大きいから」「具体的には、巨大な人口を有しているから」。さらに、ここで使っている英単語は、excite、huge、consumers、opportunityだけです。なんと簡単な英語でしょう。

一方、日本人は結論を明確にしないまま話し始める傾向にあります。日本語で表現するならこんな感じでしょうか。

「うーん、中国ですか……。難しいですよね。確かに、経済規模は大きいですけどね。政治体制が不透明でしょう。共産党の一極体制だし、今後どうなるのでしょうね。日中関係も不透明だし。反日感情もあるでしょうから。日本企業は参入していても、結構苦労しているようですよね……」

これでは、何が言いたいのかわかりません。結論がないために、それを支える論理もない。伝える内容がないから、英語を長く話すことが目的になる。結果、簡単な表現を選ぶ視点も欠如していきます。

まず、**「伝えるべき結論、メッセージは何か」**、次に**「それを支える根拠は何か」「結論と根拠を伝えるのに適した簡単な単語は何か」**の順で考えましょう。

Point

「私が言いたいのは○○だ」とシンプルに伝えよう

Rule 4

ゴールドマン・サックスの上司に説得力があった理由

「シンプルに伝える英語」の使い手として3人の海外のビジネスリーダーの例を見てきました。次にご紹介するのは日本人ビジネスパーソンの例です。

ゴールドマン・サックス時代の元上司は、私にとって雲の上の存在でした。

上司は毎週、ある曜日の夜11時に海外オフィスと電話会議を行なっていました。ニューヨーク、ロンドン、香港、シンガポールなど世界各地のオフィスをつないで会議をするのです。東京時間の午後11時は、ニューヨーク時間の午前9時、ロンドン時間の午後2時。東京だけが夜中でした。

私は会議に参加していなかったのですが、部屋から漏れ聞こえてくる上司の英語は説得力があってカッコよかったのを覚えています。日本人がズバッと英語で意見を通す姿は、なんとも気持ちの良いものです。

会議に参加している人の多くは、早口でまくし立てるネイティブスピーカーたち。アクセントが強くて聞き取りにくい、ヨーロッパや他のアジアオフィスの人の英語も聞こえてきます。とにかく、ベラベラと長く話す人もいて、彼らの発言を理解するだけで大変な苦労だろうなと思いました。

しかし、上司を見てみると、リラックスして悠然と相手の発言を聴いています。「この人は話が長いなぁ」「結論を早く言わないものかなぁ」などと言いたげな表情です。あのようなスピードとアクセントの入り混じる英語での電話会議に、余裕の表情で参加できる上司の様子に私は驚きました。

説得力のある発言をするための表現とは

上司が日本やアジアオフィスについての意見を聞かれたときのこと。おもむろに口を開く上司からは、結論の明確な英語が飛び出します。私の耳に残る上司の英語には、かならず以下のような表現が混じっていました。

★ We should do ~ （わが社は～するべきだ）

★ You need to think about ～　（あなたたちは～のように考える必要がある）
★ I believe ～　（私は～と考えている）

この表現は、まさに上司が「結論から」話していることを示しています。そして、この後に続く言葉は以下の表現です。

★ It is because ～　（なぜならば～）
★ The reason for that is ～　（その理由は～）

結論を支える根拠が明確で、論理的な主張であることがわかります。また、使う英語の単語や表現は、聞きなれたものばかりでした。簡単な表現を使っていたのです。

上司の英語は、前述したシンプルな英語のポイントである

①結論が明確で、短く、わかりやすい
②論理が明確で、ストレート
③簡単でわかりやすい語彙

に加えて、

④堂々と存在感がある
⑤高いリスニング力を備えている

という特長もありました。堂々と伝える迫力と存在感があり、さらにその裏側に、どんなに早口でもアクセントが強くても、相手の言っていることを聴き取り理解できるだけのリスニング力があったのです。

世界を相手に、日本人のノンネイティブスピーカーとして成果を出すためには、上記の要素で構成される英語コミュニケーション力を備えていることが大切であることがわかります。

Point **堂々としていよう。リスニング力を高めよう**

Rule 5 相手のペースで聴き、自分のペースで話す

日本人が「シンプルな英語」を使いこなす上で、ひとつ大切なポイントがあります。それは、以下の点です。これはゴールドマン・サックスの上司も実践していました。

▼相手が話をするときは、冷静に相手のペースで聴く
▼自分が話をするときは、堂々とこちらのペースで話す

英語を話すスピードやリズム、論理構成、発音やアクセントなどは、人それぞれです。相手の話す英語にこちらが注文を付けることはできません。早口でまくしたてる人がいれば「ゆっくり話してほしい」と伝えることもできますが、会議の場などでいちいち発言をさえぎって注文を付けるのは現実的ではありません。

だらだらと話をする相手がいれば「結論は何？」と尋ねればよいですが、聴き手としても「結論は何なのか」と一定の思考をめぐらす必要もあるでしょう。

あらゆる発音を聴き取る力が必要

アクセントがきつい英語も、聴き取れない場合は聞き返すことはできますが、毎回話をさえぎることはできません。仮に聞き返したとしても、相手のアクセントはその場で大きく改善されることはなく、同じように聴こえるだけでしょう。

そのため、過度な早口、行き過ぎた「だらだら」発言、極度のアクセントをのぞけば、多国籍のチームが参加する会議の場では、それぞれの発言者の英語をしっかり聴き取り、その内容を理解するだけの英語のリスニング力と言語の理解力が必要なのです。

後に詳述しますが、英語のリスニング力は、正しい練習を積み上げれば、限りなく高めていくことが可能です。つまり、**英語を「聴く力」、そしてその裏側にある「読む力」は、ネイティブレベルに近づいていくことは可能**なのです。

相手のペースで話さなくてもいい

一方で、自分たちが話をするときはどうでしょうか。

やはり、ネイティブスピーカーと同じスピードで英語を発信することは、現実的には難しいものです。私たちが使える語彙や表現にも限界があります。さらに、発音もネイティブスピーカーレベルに到達することは不可能であり、日本人のアクセントはある程度は残ります。

よって、私たち非ネイティブが目指すべきアウトプット力（話す、書く）は、現実的なレベルにゴールを設定する必要があります。それがこの本で提案する「シンプルに伝える英語」なのです。

インプットは相手のペース、アウトプットは自分のペース。このことを、サッカーの国際試合にたとえてみると、以下のように表現できそうです。

▼アウェイの試合は、相手のペースで引き分けにし、勝ち点1を確保する

▼ホームの試合は、自分のペースで勝ちにこだわり、勝ち点3をもぎ取る

日本代表チームが相手国で行なうアウェイのゲームでは、時差、気候、食事などが日本と異なり、自分たちのペースで試合に臨むことは難しいものです。このような環境では、冷静さを保ちながら、なにより「負けない試合運び」が大切です。

一方で、日本に相手国を招いて行なうホームの試合では、万全の体制で臨むことが可能です。しっかり自分たちのペースで試合を運び、勝利をもぎ取りましょう。

日本人は英語を話すとき、ついついネイティブスピーカーのスピードにつられて早口でしゃべろうと慌ててしまいます。そこで、しっかりと自分のペースで英語を口に出す必要があります。だらだらと話の長い相手との議論であっても、こちらの発する英語は、まず結論から語る。そして、かならず理由を述べる。

そのとき、**自信をもって、ゆっくり、堂々と、大きな声で、英語を話す**。気の利いた小難しい英語表現を使う必要はありません。なるべく、中学高校で習ったことのある、簡単な英語表現を使うこと。日本語アクセントの残る発音だからといって気にする必要もありません。

Point **相手のペースに飲まれる必要はない。マイペースで話そう**

Rule 6 シンプルな英語を構成する5つの要素

本書で提唱する「シンプルな英語」とはなにか。ここでまとめてみましょう。これまでの事例で見てきたように「シンプルに伝える英語」には、以下の5つの要素があります。

①結論が明確で、短く、わかりやすい
②論理が明確で、ストレート
③簡単でわかりやすい語彙
④堂々と存在感がある
⑤高いリスニング力を備えている

まずは、英語力以前に伝える「中身」が大切ということ。

次に、その発言の中身を「結論と根拠が明確」な論理構成で伝えること。

さらに、簡単な英語表現を用いた作文力です。ここでは「日本語で思いついた内容をそのまま英語に翻訳する」という発想から脱却する必要があります。私たちが日常的に使う日本語には複雑な語彙や表現が多いからです。

この発想の転換は「小学生に何かを説明する」ところをイメージするといいでしょう。小学生に説明しようとすると、日本語の語彙レベルを相手の小学生に合わせて簡単なものに変えていくはずです。

これらの要素を備えた「シンプルに伝える英語」は、どのように身につけていけばいいのか。それはひとことで言えば**「基本」を大切にする**ということです。英語コミュニケーション力の向上は、「基本」を疎かにしては不可能です。楽な方法を探そうとすると、結果的に遠回りになります。「基本」をしっかり身につけ、最短最速で「シンプルに伝える英語」を習得する。その方法について、次章以降で見ていきましょう。

point
魔法のメソッドはない。基本を大切にすることが最短ルート

CHAPTER 3

「シンプル英語勉強法」の全貌

Rule

1 「目指すべき姿」を間違えてはいけない

私たちが目指す英語は「シンプルに伝える」ことだと繰り返してきました。これをしっかりと認識する必要があります。

そして、それを邪魔しているのは「英語がペラペラ」という表現であり、西洋への憧れです。英語はステイタスでもないし、ファッションでも教養でもありません。

英語を学ぶ目的は、たったひとつ。それは「伝えること」なのです。

英語を話す人の大半は「非ネイティブスピーカー」

「ペラペラ」を目指さなくていい理由のひとつは、**世界の英語の使い手の大半は非ネイティブスピーカーで構成されているという事実**です。「ハーバード・ビジネス・レビュー」によると、いまや非ネイティブスピーカーが英語の使い手の8割弱を占めていると言われています。

これは、母国語として英語を自然と身につけた人ではなく、「伝える」ために英語を身につけた人が大半である、ということでしょう。

非ネイティブとして英語を使う私たちは、自分の母国語を大切にして、自分自身のアイデンティティを守りながら、伝えるために英語を習得することが大切なのです。

英語は「できる」と「できない」という二択ではない

「あの人は英語ができるけど、自分はできない」

このような思いは、実は日本人の多くが持っているものです。それは、英語の習得は終着点がなく、どのレベルになっても自分の英語力に自信を持つことが難しいからです。

はたして「英語ができる人」とはどのような人でしょうか？

私たちは「英語ができるか、できないか」と、白黒で分ける傾向があります。それは「英語ができる＝ペラペラ（ネイティブ）」であり「ペラペラでない人は英語ができない」という定義です。そして、ペラペラでない人は「英語ができます」と言ってはいけない空気があります。

しかし、**英語力のレベルは二択では表現できません**。言語のレベルには、幅があるのです。

グローバルな場で履歴書を作成するとき、自分の言語レベルについて記載しますが、複数の言語を使いこなす人の英文履歴書は、以下のように記載されます。

Spanish（native ＝ネイティブ）
English（fluent ＝準ネイティブ）
French（business ＝ビジネスレベル）
Japanese（daily conversation ＝日常会話）
Chinese（basic ＝初級者）

これは「スペイン語を母国語としながらも、英語は準ネイティブレベルに使いこなすことができ、さらにフランス語はビジネスで通用する力を身につけており、さらに日本語は日常会話ができ、中国語は初級者として基本的な理解ができる」ということを表します。

そもそも言語はレベルに差があるのは当然です。しかし日本では「できるか、できないか」の二択で判断する傾向にあります。

「英語ができる」のなかには「ネイティブまではいかなくても、ビジネスで使いこなせる英語力」というレベルが存在します。このレベルが、私たちが目指すべき英語力です。

このレベルになったからといって、苦労なく英語を使いこなせるわけではありません。大切なのは**「第二言語でコミュニケーションをとることには何かしらの障害がある」と理解すること**です。苦労をしてでも、結果として「伝える」ことができること。これが目指す姿です。

Point

「英語ができない」と言うのはやめよう

Rule

2

ネイティブの子どもはなぜ英語を身につけられるのか？

誰もがこんな疑問を抱いたことがあるのではないでしょうか。

「なぜ、ネイティブスピーカーの子どもは、いとも簡単に英語を身につけることができるのだろう？」

そして、こういう発想に行き着きます。ネイティブスピーカーが英語を身につけるのと同じように取り組めば、きっと自分も英語ができるようになるはずだ、と。

はたして、この発想は正しいのでしょうか？

大人が、母国語に加えて第二言語を習得する方法は、子どもが母国語を習得する方法とはあきらかに違います。子どもは、見よう見まねで自然と母国語を身につけます。しかし、第二言語を身につけるプロセスは、見よう見まねでは限界があるのです。

大人になって、第二言語として習得するときは、母国語を学ぶ子どもとは異なるアプ

ローチが必要です。

母国語として英語を身につけた子どもたちの環境を再現し、単に英語のシャワーを浴び続けたり、ひたすらブロークン英語を話し続けたり、日本語環境から自分を隔離しても、母国語を身につける子どもと同じ成果は期待できないのです。

日本で育ち、日本語での日常生活を送りながら、第二言語として英語を体系的に身につけること。これが私たちの課題です。

「第二言語習得論」とはなにか

「第二言語習得論」という研究領域があります。

第二言語習得論は、**母国語を習得する過程と第二言語を習得する仕組みは異なる**、という前提にたって研究が進められています。実際に日本語を母国語とする日本人がどんなに長くアメリカに住んでいても、ネイティブスピーカーと同じような英語のコミュニケーション力が身につかないことや、日本在住歴が何十年でも、外国人の話す日本語が日本人の日本語レベルに到達しないことを見ても、上記の前提はかなりの確率で正しいと言えるでしょう。

第二言語習得論は研究対象が多岐にわたり、私たちが求めるような「これが最短最速の英語習得法だ！」という単純明快な結論を導きだすことはできていません。また、研究者の主張は異なっており、ひとつの理論に合意されているわけでもないのです。

ただ、それでも研究者の中で共通認識とされている考え方があります。それは**「大量のインプットと少量のアウトプットを組み合わせることが有効」**ということです。

「大量のインプット」と「少量のアウトプット」

大量に第二言語を聴いたり読んだりすることで、その言語の知識が蓄積され、徐々に話したり、書いたり、というアウトプットが可能になる、ということです。

「アウトプット」とはつまり「すでに自分の持っている知識で何を発信するか」ということです。英語をひたすら「話す」だけでは英語が上達しないのはそのためです。むりやり限られた知識のもとで「話す」だけを強制されると、ブロークンになっていくだけです。さらには、誤った言語の使い方がクセになり、逆効果になってしまうと考えられています。

一方で、インプットが大切だと言っても、アウトプットする機会があってこそインプットを通じた言語習得が加速すると考えられています。結果、少量であっても、常に英語を「話す」「書く」という学習プロセスがあった上で、大量に「聴く」「読む」を繰り返すといいのです。

もうひとつ注意点があります。それは**「インプットする英文は内容が理解できるものである」**ということです。つまり、言っている内容、書かれている内容を理解できずに、ひたすら聴き続ける、読み続ける、を続けていても効果はないのです。

Point

「話す」「書く」を続けながら、「聴く」「読む」をたくさんしよう

Rule 3 「だらだら3年」ではなく「集中して3カ月」勉強する

英語学習は「だらだら3年」続けるのではなく「集中して3ヵ月」がベストです。短期間でかなりの負荷をかけて集中して取り組み、英語学習の基盤を作ってしまうほうが圧倒的に成果につながります。

仮に通勤中に1日30分の英単語学習を続けたとしても、平日の1週間に到達できる学習時間はわずか2時間半にしかなりません。1日24時間のうち、仮に睡眠時間を7時間と想定すれば、日本語環境での生活が17時間。平日の30分をどう効率よく英語学習に充てたとしても、やはり成果を生み出すほどの負荷はかかっていないのです。

本書では、**集中して3ヵ月間、英語の習得に取り組むこと**をおすすめします。その理由は、以下の3つのメリットがあるからです。

①集中力を維持しやすい
②高い負荷をかけることであきらかに成果が現れる
③成果が見えると英語学習の好循環ができる

「3ヵ月」という期間は、日々の忙しい仕事に追われながらも、ビジネスパーソンが仕事以外の事柄に集中して取り組む上での、ギリギリの期間です。

英語学習を始めるにあたり、いきなり12ヵ月というと、長く感じられ、一歩を踏み出すのに躊躇してしまいます。一方で、1ヵ月では成果を生み出すには短すぎます。3ヵ月は、集中力を維持して成果を生み出す、適度な期間なのです。

次に、一定の期間、集中して取り組み、高い負荷をかけることで明確な成果が現れてきます。3ヵ月間で最終ゴールに到達することはできないにしても「英語が口から出るようになる」「英文が聴けるようになる」「テストスコアがアップする」といったスモールウィン（小さな成果）が生まれるのです。

一定の成果が見えると、英語学習に手ごたえを感じられます。この手ごたえが、次の目標への糧となります。苦痛であった英語学習が楽しく感じられるサイクルが生まれるのです。

英語が楽しくなる「チャレンジステージ」に早く到達する

本書では、この「英語が楽しくなる」という好循環が生まれるステージを「チャレンジステージ」と呼んでいます。「チャレンジステージ」とは、英語の習得に手ごたえを感じ、英語コミュニケーションに対して自信がつくことで英語学習に一層前向きになり、将来のキャリア像も一回り大きく描けるようになる段階です。

チャレンジステージがどれくらいで生まれるかは、英語レベルに応じて異なります。初級者であれば、英語の苦手意識が払しょくされ、英語の習得法に明かりが灯される瞬間です。「こうやって学べば英語はできるようになる!」という感覚が生まれます。

中級者であれば、いままで自分が取り組んできた英語学習法で頭打ち感を抱いていたなかで、次へのブレークスルーを感じられる時期です。「超えた!」という感覚です。

上級者であれば、英語を強みとしてキャリアを築いていながらも、職場での英語力をもう一段高めたいという目標に一定の答えが見つかり、ネクストステージへのアプローチをつかめたときでしょうか。

英語を使いこなしてグローバルキャリアを築いていく人は、英語学習を義務感のもとで取り組んでいるわけではありません。**どこかのタイミングで、英語学習が好きになっ**

てしまう。**これが英語力を高めていく鍵なのです**。このチャレンジステージに到達するまで、短期間で一定の負荷をかけて取り組むことが成果を生み出す鍵になります。

Point

集中して取り組もう。その投資にはかならずリターンがある

Rule

4 「シンプルな英語」を習得するための6ステップ

「シンプルに伝える英語」を身につける上で必要なことを述べてきましたが、いよいよ具体的にどういうプロセスで英語を身につけるのかを披露していきましょう。

これからご紹介する「6ステップ」は私自身があらゆる試行錯誤を重ねながら編み出したものです。これに基いた英語プログラムを実行した人は次々と結果を出し始めています。派手さはないですが、日本人の特性に合ったやり方で正しい努力をすれば、かならず結果が出るはずです。

ステップ1　「ブロークン」でもいいからとにかく話す
ステップ2　正しい発音を「まず頭で」理解する
ステップ3　英文を「前から」解釈しながら読む

ステップ4　「音読とセットで」ひたすら聴く
ステップ5　結論と根拠を明確にして「ロジカルに」書く
ステップ6　かならず「フルセンテンスで」話す

各ステップについて簡単に説明しておきましょう。

最終ゴールが「ペラペラになる」ことではなく「シンプルに伝える英語」であるからこそ、ステップ1では「伝える」というゴールにまずはトライしてみることが大切です。ブロークンでもいいので英語を「話す」に取り組んでみる。そこで**最終ゴールのイメージをおぼろげに体感したところで、ゴールへの道筋を描きます**。

いきなり、「話す」と言われても、戸惑うかもしれません。しかし、私たち日本人には、すでに英語の土台があります。その基礎を信じて、まず英語を口に出してみることです。そこで壁にぶつかりますが、その障害が次のステップへのモチベーションの源泉となるはずです。

次に「発音」を理解します。後に詳述しますが、正しい英語の発音の理解は、インプット、アウトプット双方において重要なベースとなります。そのためステップ2では、短期間でしっかりと発音の基礎を理解するといいでしょう。しかし、心配する必要はありません。この段階では、発音を完璧に習得できなくてもいいのです。**その後のインプット、アウトプットの習得を加速させるための「ベース作り」**と捉えてください。

さらに、この段階で発音に取り組むことで、シンプルに伝える英語の大事な構成要素である、「堂々と伝える」力の土台を作ることもできます。「発音」の学習は、英単語の音だけを意味せず、声の出し方や音量などにも意識を置いていくことだからです。

その後のステップ3、4で、インプットを中心に取り組みます。ここで、しっかりと「聴く」「読む」力をつけていきます。

しっかりとしたインプットのベースができつつあるところで、再度アウトプットに軸足を移動させていきます。ステップ5では、「シンプルに伝える英語」の構成要素である「論理的」かつ「簡単な言葉」で「書く」を繰り返していきます。ここで論理的に「書く」を繰り返すことで、結論の根拠を意識する過程が意見の中身の力強さを高めていきます。ここでもシンプルに伝える英語の構成要素である「意見力」が鍛えられます。

最後のステップ6では、しっかりと「フルセンテンスで」話すことに注力します。ここでいうフルセンテンスとは、単語の組み合わせによるブロークンの英語ではなく、文章として英語を組み立てて発することを意味します。ここまでの5つのステップにおいて、すでにしっかりとした基礎ができあがっています。自分の基礎力を信じてフルセンテンスで話すことに取り組みましょう。

6ステップの習得法を実践するうえで一番大切なことは、**常に「シンプルに伝える」という最終ゴールを忘れない**ことです。この意識が英語学習へのモチベーション維持にも大切であり、自分の注力する習得アプローチへの信頼を高めます。

最終ゴールがぶれてくると、つい過度に英語の資格試験の点数アップにフォーカスをしてしまったり、ペラペラな発音に憧れてしまったりします。軸足をぶらさないことが、最終ゴールに最短でたどり着くうえでもっとも大切なことなのです。

次章から、6つの習得ステップを詳しく見ていくことにしましょう。

Point

日本人が最短最速で英語を習得できるのがこの6ステップ

CHAPTER 4

「ブロークン」でもいいからとにかく話す

ステップ1

Rule

1 英語で「伝える」楽しさを味わう

ここからは「シンプルに伝える英語」を習得するための、具体的な6つのステップを見ていきましょう。まず本章はステップ1についての話です。

僕の英語体験はこんな感じで始まった

"How long are you staying here?"

私が初めて英語でネイティブスピーカーとコミュニケーションをとった、おそらく最初の英語はこれでした。中学3年生の夏休み、ロスアンゼルス郊外に1ヵ月弱のホームステイプログラムに参加したときのこと。空港の入国審査の場で、体の大きな担当官から質問を受けたのがこの質問でした。

担当官はヒスパニック系のアメリカ人。半袖のユニフォーム姿から伸びた太い腕は浅黒く、手元で握ったペンが小さく見えました。私は用意してあった英文を思い出しながら、すぐさま答えました。

「アッ……アバウトアウ……ウィーク」

想定していた質問をされるかどうかドキドキする気持ちは、私の表情に出ていたのでしょう。用意していた答え（「about a week」）をなんとか口に出すと、次の質問が飛んできました。それは、前の質問に対して私の答えが通じたことを意味していました。英語が通じたことにホッとする間もなく、その後、2～3のやりとりがなされ、私は無事に入国審査を通過したのです。

通っていた中学校の英語授業にはネイティブスピーカーの先生はいませんでした。よって、そのときの英語のやりとりがネイティブとの初めての英語コミュニケーションでした。

入国審査でのやりとりは、おそらく5～10秒でしたが、**自分の発した英語が通じたことにホッとしたと同時に「英語が通じるって楽しい！」と思った**ことを覚えています。

そして、英語は学校の授業科目のひとつではなくて、言語なのだということを実感しました。

ブロークンでも通じる経験が自信に

留学先のホストファミリーとのコミュニケーションもなんとかこなすことができました。私の英語は、完全なブロークンイングリッシュ。質問を何度も聞き返しながらなんとか理解する状態で、それに対してYesかNoで短く答えて、とりあえず笑顔で返す。そんな調子でコミュニケーションしていました。

ある日のディナーでのこと。テーブルの真ん中に出された食事を各自が自分のお皿に盛って食べていました。私が自分の分を食べ終えてしまうと、ホストマザーが「もっと食べる?」と聞いてきました。私は中学生で食べ盛り。そこで私は、笑顔で「Yes!」と答えると、ホストマザーがおかわりを私のお皿に盛ってくれました。

おかわりを食べ終えてしばらくすると、その様子を見ていなかったのか、ホストファミリーのおばあちゃんが「もっと食べる?」と聞いてきました。またもや「Yes!」と答えると、おばあちゃんが私の皿によそってくれました。

すると、どうやら、みんなでシェアするはずの食事の半分ぐらいを私が食べてしまったようでした。ホストファミリーは子どもが5人の大家族でしたので、少し遅れて席についたホストファーザーの食べる分がほとんど残っていなかったのです。ホストファーザーに「Taka、食べ過ぎだよ！」と笑って突っ込まれました。私は、そこで、「Sorry! Sorry!!」と答えたところ、食卓で笑いが起こりました。

ここでの体験は**「なんだかんだ英語は通じるものだ」**と思った始まりでした。本来であれば私は、すでにホストマザーからおかわりをもらったことを、おばあちゃんに英語で伝えるべきだったのです。しかし、言葉が出てこず、お腹も減っているし、とりあえず「Yes!」と言って食べてしまおう、と思って答えたのです。

母国語の日本語以外で意思疎通ができることの楽しさを実感した体験が、入国審査のわずか10秒ほどのやりとりであり、そして、その後のホームステイ先の食卓でのできごとでした。単語のつなぎ合わせや、笑顔と大げさなジェスチャーによる、ブロークンイングリッシュでもなんとかなる。「もっと、意思疎通してみたい」という意欲を駆り立ててくれた経験でした。

Point **笑顔と元気な受け答えでもなんとかなる**

Rule

2 まわりを気にせず ブロークンでもいいから話す

英語はあくまでコミュニケーションの手段。伝えることがゴールです。そのため、ブロークンでもいいからとにかく話してみることが、最初のステップであることは疑いないでしょう。

この時点で英語の言い回しや文法の間違いを恐れる必要はありません。言葉が出てこなければ、首を縦か横に振ることでも意思を伝えることはできます。笑顔や悲しい顔などの表情、そして伝えたいと思う気持ちさえあれば、身振り手振りも自然と大きくなり、思いつく単語のつなぎ合わせだけで伝えることは可能なのです。

「英語を話す外国人」と会話してみる

まず、ネイティブスピーカーと英語で会話をする機会を作り出し、英語で伝える楽しさを実感してみることが効果的なのは言うまでもありません。ネイティブスピーカーでなくても、英語でコミュニケーションをとらなければならない外国人であればよいでしょう。

そのとき、流暢に英語を発音し、カッコいい英語を話そうとする必要はありません。とにかくどんどん英語で会話をすることです。

ただ、ブロークンな英語でのコミュニケーションの大切さを理解していても、私たちの中にはそれを阻んでしまう障害があります。そのひとつが「まわりの日本人の目が気になる」ということです。**まわりに同じ日本人がいると、突然カッコいい英語を話そうという意識が私たちの脳に芽生えます**。「この人の英語は無茶苦茶だな」「カタカナ英語で下手な発音だな」「単語が出てこなくてしどろもどろだな」という心の声が聞こえてくるのです。

しかし、こんな周囲の視線を意識し始めると無口になってしまい、コミュニケーションは上達しません。「ブロークンでもいいから話す」というのは、実は日本で英語を学ぶなかで「言うは易く行うは難し」なのです。

日本人どうしの英語コミュニケーションも有効

実は、日本人どうしでの英語コミュニケーションも英語力向上に役立ちます。

日本人どうしだと最初は気恥ずかしさがあるかもしれません。しかしここは、頭を切り替えて取り組むことです。

この場合、ネイティブスピーカーに同席をしてもらう必要もありません。正しい英語表現を気にする必要がないのであれば、誰も私たちの文法的な間違いや言い回しの誤りを指摘する必要性がないからです。

必要なのは「英語で話そう」という気持ちです。英語のスイッチを入れる環境と、切磋琢磨する仲間の存在は大切です。スイッチを入れたら、とにかくブロークンでもいいから英語を話す。これを徹底する。そこで、**日本人どうしでも英語で伝わる喜びを実感しつつ、つたない英語でコミュニケートする悔しさを次のステップへの糧にすればいい**のです。

楽しさと同時に「振り返り」を大切にする

ブロークンでもいいから英語を話す。間違いを気にせず、身振り手振りや単語のつなぎ合わせでコミュニケーションする。すると、英語への不安や怖さが少しずつ減っていくでしょう。これこそが最初のステップであり、そういったポジティブなサイクルが生まれたら、しめたものです。

ただ、怖いものでブロークンな英語は、知らず知らずのうちに日本語を話すときとは別の「英語コミュニケーション特有のあたふたした自分」を作り出していきます。

英語でコミュニケーションするとき、別のモードに切り替えることは有効です。しかし、「過度にオドオドしたり、ジタバタしている自分」については、冷静に分析し、対処することも必要です。

ブロークンでコミュニケーションをとる一方で、**自分の英語をどうレベルアップさせるかを、常に振り返ることも大切**だということは覚えておきましょう。

Point
まずはブロークンで話す恥ずかしさを乗り越えよう

Rule 3 きちんと握手をし、魅力的な自己紹介をする

思うように英語が話せない段階でも、短期的にコミュニケーションの質を上げる方法があります。それは、まず言語以外の質を上げることです。

握手を変えると劇的に印象が変わる

まず即効性があるのは、**あいさつの印象を高める**ことです。なかでも、握手を大切にすると印象は劇的に変わります。

英語のコミュニケーションにおいては、初対面に限らず久々に顔を合わせる相手とも、お辞儀や会釈の代わりに握手をすることが多くあります。もちろん国民性やそれぞれの文化の違いもあり、単に「英語のときは握手」という単純な式が成り立つわけではあり

ません。しかし、英語ベースの会話では、一般的にスキンシップが多くなる傾向があり、その代表例として握手が挙げられるのです。

その際、「握手の質」を上げることが効果的です。**相手の目をまっすぐ見て、笑顔を浮かべ、自ら手を差し出して、しっかりと力強く2秒間相手の掌を握りしめます**。同時に、初対面の相手であれば自己紹介として自分のファーストネームを明瞭に伝えること。相手が聴き取れたかどうかを確認しながら、もし相手が聴き取りにくいようであれば、スペルを補足すること。私の場合であれば、「Hi, my name is Taka, T, A, K, A, Taka」とゆっくり発します。

ここで握手の「質」と表現する理由は、グローバルな環境で求められる握手は日本人どうしのさらっとした握手とは大きく異なるからです。力強くしっかりと握りしめること。なよなよとした握手は間違いなく良い印象を与えません。女性の場合は、優しい握手の中にも芯の強さを示すように、やはり2秒間しっかりと握手をすることが望ましいです。

もうひとつの重要なポイントは、相手の名前を聴き逃さず頭に叩き込み、相手のファーストネームを声に出して確認することです。なぜかと言えば、**相手の名前を覚えることは、お互いの距離を縮めるうえでとても重要なこと**だからです。

自己紹介文をあらかじめ用意しておく

もうひとつ、英語でのコミュニケーション力を短期的に上げる方法が自己紹介の質を上げることです。

初対面における自己紹介の内容は以下のようなものです。

①名前　②出身地　③趣味、興味　④家族
⑤仕事内容、勤めている会社　⑥具体的にどんな仕事をしているか

これらの内容を「自己紹介の基本フォーマット」として文面で用意をしておけば、会話の冒頭10分はかなり活発なやりとりになります。

そのとき、笑顔を絶やさずしっかり握手をして気持ちでぶつかっていけば、お互いの信頼関係とコミュニケーションのベースはできます。相手に合わせたいくつかのフォーマットを用意しておくと便利です。

自己紹介文を作るときのコツ

自己紹介文を作るときにはコツがあります。それは、**仕事の話ばかりをせず、ひとりの人間としての趣味や興味などをしっかり語る**ことです。

また、仕事の話をするときも、所属する会社の名前を前面に出すのではなく「自分が何をやっているのか」を具体的に表現することです。「株式会社○○に勤めています」という企業名のひとことですませてはいけません。単なる所属を語るのではなく、その会社で自分は何をやっているのかを、言葉に落とし込んでいくといいでしょう。

会社名や部署名だけを語ってしまった場合は、おそらく相手の外国人から「それはどんな仕事なのか?」という質問が飛んでくるでしょう。そのときに、答えられるように「自分が何の仕事をしているのか」をまずしっかり言葉にして用意しておくことです。

ここでスムーズに答えられないのは、「英語力不足」が原因なのではなく、会社でどんな仕事をしているのかを「日本語ベースでも整理できていない」ことが原因なのです。

Point 力強い握手と魅力的な自己紹介でコミュニケーションは円滑になる

CHAPTER 5

正しい発音を「まず頭で」理解する

ステップ2

Rule 1

つまらなくても「発音練習」が大切なのにはワケがある

発音が良くなると、いいことはたくさんあります。

まず、**英語を話すときの自信が増します**。その結果、声が大きくなるため、堂々とコミュニケーションできるようになり、発言の存在感も高まります。発音がクリアになれば、相手に伝わりやすくなります。伝わるから、さらに話をしたくなります。よって、英語のスピーキング力はぐんぐん上がっていきます。

また、自分で発音できない音は、自分の耳で聴き取ることは難しいものです。逆に、**自分の口が正しく動くと、耳が連動しリスニング力も劇的にアップしていきます**。英語のリスニングができるようになれば、英語を聴くことが楽しくなり、ニュースやスピーチなどを通じた情報収集量が増えるため、さらに、どんどん聴きたくなります。結果として、どんどんリスニング力が上がっていきます。

発音が良くなると、日頃から発言に自信が持てるようになり、論理が整理されていきます。普段から論理が整理されるようになれば、英語の文章を書いたときも論理的になります。会話のときに論理的に話ができない人は、書く文章の論理も不明確です。そのため、発音が苦手な人は、英語を書くときにも論理が不明確な文章を書きがちです。

さらに、英語を声に出して読むと、単語の拾い読みや斜め読みをしなくなります。そのため、英文を前から順々に英語の語順で読むようになります。これにより、**英語の「前から理解する力」がアップし、速読力が高まっていきます**。そうなると、英文をどんどん読めるから語彙が増え、表現が強化されていきます。

このように、発音を習得することで「話す」「聴く」「書く」「読む」のすべてにおいて、好循環が生まれます。だからこそ、発音を学びなおすことが大切なのです。

発音は何歳になってからでも劇的に改善できる

日本で生まれ育ち、社会人になってから、劇的に発音を向上させることなどできるのでしょうか？　答えはＹＥＳです。

「発音がいいですね。留学したことあるんですか？」と言われることが多い、と語るのはＩＴエンジニアとして活躍する友人です。しかも日本人からだけでなく、ネイティブスピーカーからも「きれいな発音ですね」と言われるといいます。

彼は30歳を超えるまで完全に理系畑で、英語には大きな苦手意識がありました。「左脳型なので暗記主体に思えた英語学習は気が進まなかった」といいます。それでも一念発起して、社会人になってから英語習得に集中して取り組みました。もちろん、読む、聴く、書く、話す力が総合的にアップしたのですが、なかでも発音が改善したことに驚きを感じていました。

発音は、理屈とはもっとも真逆の領域だと思われがちです。とにかくセンスのいい人や留学経験のある人だけが綺麗な発音を身につけられるものだと一般的にはとらえられています。しかし、発音の改善には体系的なアプローチがあるのです。

目指す発音を間違えない

まず、大切なことは「目指す発音を間違えない」ことです。ゴールは、決して「ネイティブっぽい発音」ではありません。ときに、そういった発音をマネようとモゴモゴと口の中で発音したり、ひとつひとつの音を無理につなげて流暢さを目指したり、過度に巻き舌で発音したりする人がいますが、そうではありません。

目指すべき発音は、英語の正しい音の基本を理解して、正確な発音を目指し、丁寧に繰り返し練習することで身につきます。ここで言う英語の正しい発音の基本とは、たとえばLとRなど、英語特有の音を丁寧に発音することを意味します。

LとRの音は、日本人が苦手な発音の代表例です。日本語では、どちらもカタカナのラ行で表現されますが、英語ではまったく別の音なのです。ネイティブスピーカーにとってはLとRが似たような音であるという認識はまったくありません。よって、日本人の英語のクセを知らない人には、なぜこの2つの音が混同するのか、理解できないのです。

LとRの音の基本を頭で理解せず、なんとなくネイティブっぽく発音しようとしてはいけません。どちらの音もモゴモゴと発音するとLでもRでもない中間音になります。すると、いっそう正しい発音から離れていくのです。

Point

「たかが発音」と侮ってはいけない

Rule

2

日本語にない英語特有の音を「頭で」理解する

英語発音の「基本」はどのように習得すればいいでしょうか。まずは、英語特有の発音を「頭で」しっかり理解することが大切です。

発音は「ネイティブの音声を聴きながら、何度もそれをマネることが大切」という言葉をよく聞きます。たしかに言語の習得において、ネイティブのコミュニケーションの再現を繰り返すことでさまざまな要素を吸収することは大切です。しかし、何の知識もなく単にマネをするだけでは、正しく吸収することが難しいのも事実なのです。

大人が発音を学ぶときにはマネるだけでは習得できない

子どもの場合は、耳、口、舌、呼吸法などがまだ柔軟なので、聴いた音をマネするだけで正しい発音を身につけていくことは可能な面もあります。しかし、毎日日本語の環境でコミュニケーションをし、日本語のテレビやインターネットの中で生活し、日本語でものごとを思考している大人にとって、それは現実的なアプローチではないのです。

金づちの人が、大人になってからいきなりプールに入れられ、周囲のスイマーの動きをみながら見よう見まねで泳げと言われても無理でしょう。何の説明も受けずに、ひたすらゴルフクラブを振り続けていても、初めてスイングをする人は、空振りするだけ。仮にボールにかすっても、まっすぐ飛ぶことはまずないはずです。

実はネイティブの子どもも言語を習得していく過程で、両親から指摘を受けながら、まずＡＢＣの発音を覚えていきます。親は子どもに口元を見せ、舌の使い方、口の開き方などを示すこともあります。

大人になってから第二言語として英語を学ぶ私たちが、何の説明もなく、頭で理解することもなく、見よう見まねで英語の発音を習得することがいかに難しいことか、一目瞭然でしょう。

Point

まず、頭で、理屈で、発音を理解しよう

Rule 3 「L」と「R」の発音の違いを理解しているか

発音を習得するときには、まず「頭で」英語の基本的な発音をしっかり理解することが大切だと述べました。まずは理屈をしっかり理解し、その理屈に基づいて繰り返し練習することです。

発音に関して、ここですべてを解説することは難しいので、本書では特に日本人が間違えやすいパターンをいくつか紹介するにとどめます。より詳しく勉強する場合は、巻末の教材リストを参考にしていただければと思います。

まず、日本人が理解しがたいものの代表に「L」と「R」の発音の違いがあります。LとRは日本語表記すると同じ「ル」となりますが、英語ではまったく別の音です。

「L」は舌先を上の歯ぐきにしっかりつけて「ル」と発音します。一方、「R」は舌に力をいれて舌先を丸め、舌がどこにも触れない状態で「ル」と発音します。

その他にもいくつか気をつけたい発音があるので次ページの表にまとめておきます。

「破裂音」をマスターすれば「カタカナ感」がなくなる

「破裂音」も日本人が慣れない発音の仕方です。

破裂音とは、文字どおり空気の破裂を伴う音のことです。破裂音の存在をしっかり理解することは、日本人の「カタカナ感」をなくすのに効果があります。さらに、日常の早口の会話のなかでは省略される音でもあり、なぜネイティブの発音が聴き取りにくいのかを理屈で理解することにもつながります。

破裂音は、しっかり音が「破裂」するかどうかが鍵です。そして、**破裂音のあとに、日本語の「ウ」「オ」といった母音を挿入しないこと**です。たとえば、Ｐの音は「プッ」と音が破裂するときの音ですが、英語のＰには「ウ」という日本語の母音は伴いません。そのため「プゥッ」と「ウ」が伴うとまったく異なる音になり、日本人っぽい「カタカナ感」が出てしまうのです。

日本人が間違えやすい発音　その1

TH	舌先を軽く噛み、舌と歯の隙間から「ス」または「ズ」と息を出す
F	上の歯で下唇を軽く押さえて「フ」と息を出す
V	上の歯で下唇を軽く押さえて「ヴ」と息を出す
M	口を閉じて「ム」と鼻を通して声を出す
N	口を少し開け、舌先を上歯ぐきにつけて「ヌ」と鼻から声を出す
W	唇を突き出して、元に戻しながら「ウ」と発音する
S	舌の先を上の歯の裏に近づけて、舌と歯の隙間から「ス」と息を出す
SH	唇を少し丸めて突き出し、舌の前を上歯ぐきに近づけ、隙間から「シ」と息を出す

日本人が間違えやすい発音　その2「破裂音」

P	唇を閉じてから急に開いて「プッ」と息を破裂させる
B	唇を閉じてから急に開いて「ブッ」と息を破裂させる
T	舌先を上歯ぐきにつけて急に離しながら「トゥ」と息を破裂させる
D	舌先を上歯ぐきにつけて急に離しながら「ドゥ」と息を破裂させる
K	舌先の後ろを上あごにつけてから急に離して「クッ」と息を破裂させる
G	舌先の後ろを上あごにつけてから急に離して「グッ」と息を破裂させる

口は大きく、息はお腹から、舌は前後上下に

テレビやインターネットでCNNやBBCなど英語のニュース番組を見るとき、キャスターの口元に注目してみましょう。すると、日本語のキャスターよりも英語のキャスターの方が、口が大きく動いていることに気づくでしょう。

また、日本語のキャスターの音の出し方と、ネイティブのキャスターの音の出し方を比較してみましょう。ネイティブの音は、日本語の音よりも力強くお腹から音が発せられ、さらに口元から出てくる空気の量は日本語のキャスターよりもずっと多いはずです。

さらに、キャスターの口をアップでよく見てみると、舌が前後に活動的に動いている様子もわかります。日本語のアナウンサーは、滑舌はいいものの、舌を大きく使っているようには見えないでしょう。

ここで気がつくことは、英語と日本語では「口を開く大きさ」「息をお腹から出す量」「舌を前後上下に動かす度合い」が、まったく異なることです。

よって、英語を発音するときは、この3点を意識する必要があります。

①口を大きく開く
②お腹から声を出し、息を多く吐き出す
③舌を前後上下に活発に動かす

たとえば「hot」という単語を発音する際には、縦に指二本が入るくらい口が大きく開きます。縦に十分に開かないと、まったく別の音として発音されてしまいます。

逆に「earth」は口を少し開け、口先を丸くすぼめて発音します。このときは、しっかり口をすぼめることが大切です。

「破裂音」を正しく発音するためには「しっかりと破裂するかどうか」が大切です。それは「息の量」で決まります。

日本人は息の量が足りないとき、カタカナのアイウエオの母音を無意識に補って発音してしまいます。たとえば「skip」という単語を発音するときに、語末のPをしっかり破裂させることが大切です。しかし、息の量が足りないとPが十分出なくなります。ここで日本人は「ウ」という母音をPのあとに補い「プゥ」と発音してしまうのです。これは破裂音ではありません。

日本語の発音は、舌があまり動きません。一方で英語は、ときに舌に力を込めて、前後に動かして発する音が多くあります。たとえば「L」は前歯に舌をぐっと押し付けて発音します。「R」は舌の根元に力をいれて口の奥に反らせます。また「TH」は舌先を少し口の先に出し、舌先を上下の歯で少し噛む。このときに、舌を上下の歯で噛んだあとに、しっかりと空気を漏らせます。

英語の正しい発音を身につけたいなら、「口の開く面積」「息を吐き出す量」「舌の動く度合い」を、感覚的には日本語よりも2段ほどギアをアップさせる意識を持つことが大切なのです。

Point

発音するときは、口や舌の動き、息の量を意識する

Rule 4

辞書を引いたらアクセントと母音を確認する

発音を改善するために、普段から心がけておきたいことがあります。それは、辞書で英単語を調べるときに、かならずアクセントの位置を確認することです。なぜなら**英単語はアクセントの位置が異なると、まるで違う音になってしまう**からです。

リスニングが苦手な人は、英単語を辞書で調べるときにアクセント位置を確認しない傾向にあります。リスニングができないのは、耳がついていけないのではなく、「どんな音で発せられるのか」という理解がないからです。アクセント位置への興味が薄ければ、自分の耳で聴き取ることが難しいのは当然でしょう。

アクセントの位置がずれると、当然ながらネイティブスピーカーには伝わりません。伝わらないからモゴモゴ発音する。それでも伝わらないと、今度はカタカナ発音に切り替え、思いっきり日本語的に発音する……。それではネイティブには、まったく理解してもらえません。

カタカナ語、外来語の発音に要注意

アクセントの位置が違うから伝わらない、というケースをよく見かけます。なかでもカタカナ語、外来語として馴染みのある単語のアクセントには要注意です。

たとえば「success」のアクセントはどこでしょうか。男性整髪料の商品名にも使われているsuccessですが、ＣＭでは、アクセントはｕの位置、つまり単語の前半に置かれています。ここでは、あえてカタカナで表記しますが、外来語として発音される場合は、「サクセス」となります。

しかし、実際のsuccessのアクセントは、ｅの位置です。単語の後半部分なのです。前半部分にはアクセントがなく小さく聞こえるために、あえて表記するなら「スァクセス」という具合になります。

なぜ多くの日本人は「success」の発音が苦手なのかと不思議がるネイティブに対して、「実は日本語のＣＭではアクセントが前半にある」ことを伝えると、ネイティブスピーカーも納得します。

このような話は、冗談として取り上げるにはいいですが、英語の発音の習得という観点からすれば、カタカナ音は私たち日本人にとっての高いハードルになっているのです。よって、英単語を辞書で調べるときにアクセント位置をセットで確認する習慣をつけることが大切になります。

さらに気をつけたいのが、**アクセント位置の「母音」についても確認する**ことです。アクセント位置の母音は、発音のときに一番大きく発せられる音です。そのため、この母音を丁寧に発音できるかどうかが大切なのです。逆にアクセントのない位置の母音は、まずは軽視しても大差はありません。

また、できれば辞書で調べたときにスマホなどで音を再生し、一度耳で確認しておくといいでしょう。特にアクセントや母音を読み取りにくい場合、かならず音声を確認する習慣づけが、発音の習得とリスニング力アップにとって大切なことなのです。

Point

めんどくさがらずに辞書で確認することが習得への最短ルート

Rule 5 カタカナ発音からの脱却の鍵は「音節」にあり

日本人でも発音しにくい日本語があるように、**実はネイティブスピーカーにとっても発音しにくい英語は存在します**。

たとえば、日本人が苦手なLとRを見てみましょう。LとRは舌の位置や使い方がまったく異なるため、この2つが組み合わさった単語を発音することは、実はネイティブスピーカーの舌にとっても大忙しなのです。ひとつの単語を発するときに、まず舌先を丸めて奥に反り返したかと思えば、即座に舌を前に押し出す動きをするのは、舌の動きが正反対だからです。

たとえば「relationship」という単語は、LとRが混じっているので、ネイティブの舌も大忙しです。私は教材づくりのためネイティブスピーカーの音声録音に立ち会うことがあります。そのとき、スピーカーを通じて大音量でrelationshipの発音を聴くと、ネイティブスピーカーであっても舌の滑らかさが必要になることに気づきます。

「音の塊」を意識して練習する

ネイティブが正しく丁寧に発音しようとするとき、意識するポイントがあります。それは英単語の「音節」です。英語の音節は「シラブル（syllable）」と呼ばれます。シラブルとは、ひとつの単語がいくつかの「音の塊」で構成されていることを意味しており、単語によって、いくつに切れるかは異なります。シラブルとは、英語の音の最小単位のことです。relationshipなら、以下の4つの音の塊に分かれます。

relationship
[re-la-tion-ship]

ひとつの単語を明瞭に発音することに苦労する場合は、ネイティブスピーカーも単語をシラブルに分けて何度か口を慣らすことがあります。relationshipであれば、あえてカタカナで表記をすれば、**「リ」「レイ」「ション」「シップ」の4つに分けて発音する**のです。

このことは、私たち日本人が、LとRといった苦手な音が混在する単語を発音するときに、シラブルを意識して練習することが有効であることを意味します。ネイティブスピーカーの早口の発音を単にマネるのではなく、いったんシラブルに分けて、ゆっくり発音練習を繰り返す。この結果、re、la、tion、shipの4つのブロックを明瞭に発音できるようになります。あとはこの4つを組み合わせればいいのです。

「reluctantly」(しぶしぶ、嫌々ながら)の発音で苦労をするならば、これも辞書を調べてシラブルを確認し、re、luc、tant、lyのブロックで練習します。

注意すべきは、**かならず辞書で調べて、シラブルを確認すること**です。シラブルを勝手に作って発音してしまうと、まったく異なる音になってしまいます。たとえば、reluctantlyをカタカナの音で分けていくと、re、lu、c、ta、n、t、ly、つまり、リ、ラ、ク、タ、ン、ト、リーと分けてしまいがちです。しかし、これは日本語にもとづいた間違った分け方なのです。

Point どういう「音の塊」になっているのかに注意しよう

Rule

6 「音のつながり」のルールを理解する

それぞれの音の基本を頭で理解し、丁寧な発音を繰り返す練習をしたら、次に取り組むべきポイントは「音と音のつながり」です。2つの単語が組み合わさることで単語の連結部分の発音が変わることを意味し、フランス語では「リエゾン」、英語では「リンキング」と呼ばれたりします。

「サンク・ユー」ではなく「サンキュー」になる

たとえば「thank you」は「thank」と「you」が組み合わさり、カタカナであえて表現すると「サンク・ユー」とは発音せず「サンキュー」となります。kとyが連結することで「キュ」という音が出ているのです。

フランス語はリエゾンが顕著なため、フランス語学習のときは、音のつながりによる発音の変化をかならず学びます。たとえば複数のオレンジを意味するフランス語の「des oranges」は、sとoがリエゾンをし、「デゾランジュ」となります。

一方、英語の「an orange」も「アノーレンジ」と発音します。英語ではリエゾンを体系的に説明して学習プロセスに取り入れることがフランス語ほど徹底されていませんが、英語の音の連結にも一定のルールはあります。

音がつながる代表的な3つのパターン

英語の「音のつながり」の代表例は以下の3パターンです。

①語末の子音と語頭の母音が連結
②語末の子音と語頭の子音yが連結
③語末の破裂音が消え語頭と連結

①の例は「pick up」です。pickの語末のkの音とupの語頭のuがかさなり、

pickup、カタカナで表記すれば「ピカップ」と発音されます。「talk about」は、kとaがつながるため「トーカバウト」、far awayはrとaがつながり「ファーラウェイ」。need itは、dとiがつながり「ニーディットゥ」となります。

ここでの法則性は、**前の単語が子音で終わり、次の語が母音で始まる単語では、意識的に2語をつなげて発音する**ことです。

次に、②の語末の子音と語頭の子音yがつながるケースは、冒頭の「thank you」が代表例です。このパターンは、want you、catch youなど、yが連結することで「ウォントユー」が「ウォンチュー」、「キャッチユー」が「キャッチュー」となります。

③のパターンは、good jobのように、語末が破裂音のdで終わる語は、丁寧に破裂をさせるか、破裂音自体をほとんど消してしまい、次の語と連結してしまうかのどちらかになる傾向があります。そのため「グッドゥ ジョブ」とdを破裂させて、goodとjobを別々に丁寧に発音するか、dの破裂音を消してしまい「グッジョブ」と連結するかになります。早口になれば、後者のリエゾンが顕著になります。

3つの例を挙げましたが、他にも事例は存在します。考え方としては、まず①の例のように、語末の音と語頭の音がつながる、ということです。そして次に、それぞれの子音の音の特性に応じて、yのように連結することもあれば、破裂音のように消えてしまうこともあります。

リエゾンを理解し、自分の口で練習を繰り返すことで、いいことが2つあります。それはまず**「発音自体がより自然になる」**こと。もうひとつは**「リスニングカアップに効果がある」**ことです。リスニングで聴き取れない理由の多くは、早口で連結した英語の音を聴き取れないことにあります。

まずは個別の音を正しく理解し、丁寧に発音できることが最初のステップです。その次に応用編としてリエゾンを習得していくことが望ましいでしょう。そのため本書では、まず個別の音にしっかり取り組み、中級者の段階に到達したところで、リエゾンの練習に取り組むことをおすすめします。

Point

音のつながりも「頭で」理解してから練習しよう

Rule

7 シャドーイングが発音の練習に最適な理由

発音をしっかり頭で理解したあとは、繰り返し英語の発音を練習することです。どのような練習が効果的なのでしょうか?

発音に効果的な練習は「音読」と「シャドーイング」です。音読は、英文を見ながら、丁寧にひとつひとつの音と複数の音のつながりを意識しながら、声に出して読みあげることです。これが最初のステップです。

次に取り組むべき練習は、シャドーイングです。シャドーイングとは、**ネイティブの音声の後ろから、シャドー、つまり影のように声に出していく訓練**のことです。

シャドーイングが発音改善に効果的な理由は、つづりを意識せずに英語の音を言い分ける力が身につくからです。日本人にとって難しい音の区別はLとRだと述べました。音読をある程度練習することで、英語のスペルを見ながらLとRを言い分けていくことはできるようになるでしょう。しかし、次に私たちに立ちふさがる課題は、スペルを見なくてもLとRの発音を区別し、正確に発音ができるようになることです。

「relationship」という語にはLとRが混ざっています。この単語を、つづりを見ながら正確に発音ができるようになったとしても、スペルを見ない状況で再現できるかはまた別の話です。つづりを見ずに英語の音を正確に発音できる能力を、本書では「つづりからの解放」と呼びます。

「つづりからの解放」を促す上で、シャドーイングは耳から聴き取った音を再現することを要求されるため、とても効果的なのです。**スペルを見ず正確に発音することにより、必然的につづりに関する目からの情報に頼らない意識が生まれてくる**のです。

いきなりネイティブのスピードで練習をしない

シャドーイングは、ネイティブスピーカーが通常話をするナチュラルスピードで行なうのではなく、**区切りごとにポーズ（間《ま》）のある音声教材でシャドーイングに取り組む**ことをおすすめします。

それは、ナチュラルスピードの英文でシャドーイングをしようとすると、日本人にとってはスピードが速すぎ、発音を丁寧にすることが難しくなるからです。

さらに、私たちのゴールは「シンプルに伝える英語」を身につけることなので、クリアに堂々と発音をすることが優先されるべきです。ナチュラルスピードの音声でシャドーイングすることにより、よりネイティブのスピード感に慣れていくことは可能になりますが、結果としてモゴモゴと小さな音で英語を発するクセが身につくリスクもあります。

そのため、ポーズのある音声を用いて、堂々と大きな声で丁寧な発音を心がけながらシャドーイングをすることが効果的なのです。

また、シャドーイングをする際には、**鏡の前に立ち、自分の表情や姿勢などをチェックすることも効果的**です。英語を口にした途端、モジモジしてしまったり表情が硬くなるのが私たちの傾向です。あくまで発音だけを練習するシャドーイング練習では、音だけでなく、表情、姿勢など、他の要素にも気を配ることができます。それにより「シンプルに伝える英語」の大切な要素である、「堂々と伝える力」を同時に伸ばしていくことが可能になるのです。

日本人どうしでフィードバックし合うと効果的

音読やシャドーイングに取り組むときに、友人、知人など日本人どうしでペアになってフィードバックするとより良いでしょう。同じ日本人だと、発音の苦労に共感しやすく、指摘もしやすいからです。100％正しい発音はできなくても、他人の発音について指摘することはできるでしょう。これまで自分の発音について指摘されることがなかった人も、具体的で詳細なフィードバックを受けることで発音が劇的に改善します。

また、**他人への指摘ができるようになると、自分の発音を録音して自分の声を聴きながら改善点に気づけるようになります**。自ら日々、改善に取り組むことができるようになるのです。さらには、SNSなどのツールも活用すれば、各自が録音した音声を共有でき、離れた場所にいても随時フィードバックし合うことが可能になり、学習効果を高めてくれます。

Point

音読とシャドーイングの努力は裏切らない

CHAPTER 6

英文を「前から」解釈しながら読む

ステップ 3

Rule 1 英文を読めないのは、語彙力でも文法力のせいでもない

「これ、明日の研修で使う資料だから、目を通しておいて。わからないことあったら、明日質問してくれれば答えるからさ」

大学を卒業し、新卒社員として入社したゴールドマン・サックスでの1ヵ月目のことです。部門別採用だったゴールドマン・サックスでは、当時、部門を横断した新人向けの全社研修に加えて、配属の決まっている部門内でも、日常業務に必要な研修をその部門の先輩や上司が担当する仕組みでした。

ゴールドマンで渡された「契約書のひな形」を見て愕然！

このときに渡された資料とは、ゴールドマン・サックスが企業のM＆Aのアドバイ

ザーを務めるとき、クライアント企業と締結する英文契約書のひな形でした。契約書の内容をしっかりと理解し、クライアント企業の担当者に適切に内容を説明し理解をしてもらうことは、業務における必須のステップです。この契約書の内容をしっかり理解することが新入社員の研修に組み込まれていたのです。

私は上司から受け取った英文契約書を机の隅に置き、夜になってから予習をしようと考えていました。しかしその数時間後、改めてその資料を開いた瞬間、青ざめてしまったのです。

資料を渡されたとき、その契約書がかなりのページ数に及ぶことはその厚みから感じとっていました。それでも英文を読むことについては、学生時代から一定の自信があったので、辞書を引きながら読みさえすれば、それほどの時間をかけずに読み終えられるだろうと甘くみていたのです。

しかし、実際にその英文契約書を読み始めてみると、まるで理解ができないのです。1行目から、見たことのない英単語がいくつも登場し、辞書を引く回数は想定外の多さでした。さらに自分が青ざめた理由は、英単語を辞書で引いて出てくる日本語の訳は、当然ながら法律用語であり、日本語訳自体が理解できなかったのです。そのため、次に日本語の法律用語辞典をもとに内容を理解しようと努めたのですが、ひとつひとつ辞書を引いていくだけで、まったく進みません。夜中まで格闘した末に読み進めた分量は、全体の三分の一程度。そのあとに残される膨大なページ数に私は愕然としました。

結局私は、翌日、正直に自分の英語力不足を上司に伝え、このような英文を理解する秘けつを質問するしかないと考えました。

「どちらの会社が何をすると言っているのだい？」

翌日、上司の「何か質問はないか？」という言葉から研修は始まりました。私は英文がまったく理解できず、丁寧に読み切れなかったことを打ち明けました。すると上司は、最初の1ページ目の1段落目について私に質問を投げかけました。

「この条文は、クライアント企業か、ゴールドマン、どちらの会社が何をすると言っているのだい？」

私はハッとしました。それは「英単語が難しい」「法律用語が理解できない」と言い訳をしながら契約書を読んでいた自分は、第一条の条文の動作主体が、クライアント企業なのか、それとも自分の所属する会社なのか、という基本的な情報すら理解していなかったのです。上司は続けて言いました。

「法律用語だからといって、何か特別なことが書いてあるわけではない。実際に起こりえる状況を想定して書かれているのだから、**まずは『誰が』『どうする、どうなる』を理解しないと、始まらないぞ**」

日本語でも英語でも、そもそも契約書というものはさまざまな起こりうる状況を想定しているため、「いつ」「どこで」「どんな状況で」「何が」「どうなる」の情報が混在し、文章の構造が入り組んでいます。私は「契約書が英文であること」「自分が法学部出身でないこと」などを理由に、理解すべきことを見失っていたのでした。

上司は「誰が／何が」「どうする／どんなだ」という状況を明確にしながら、条文を丁寧に説明してくれました。すると、不思議なことに、契約書の全体感がある程度理解できるようになったのです。

私が英文契約書を理解できなかった理由は、英単語の難易度や法律の知識不足ということが原因ではなく、英文に向き合うときの視点が違ったことによるものだったのです。

Point

読めないことを「知識不足」のせいにしない

Rule 2 「誰が／何が」「どうする／どんなだ」がわかれば英文の8割は理解できる

あらゆるコミュニケーションにおいて、「誰が／何が」「どうする／どんなだ」ということが伝えるメッセージの根幹です。しかし、日本語でコミュニケーションするときには、私たちがその大切さを意識することはほとんどありません。しかし、契約書を例にとると文章構造がいかに大切か、明確にわかります。改めて、日本語の契約書を例にとってみましょう。

次ページの、シンプルな代理店契約書のひな形を見てみましょう。

ここで、第3条に目を向けてみましょう。

甲の請求があった場合、乙は速やかに、商品の在庫状況、月間売上高、代金回収状

代理店契約書

A社（以下、「甲」と言う）とB社（以下、「乙」と言う）は、代理店契約を以下のとおり締結した。

第1条（目的）

甲は乙に対し、○○（商品名）の代理店として、甲商品を継続的に販売するものとする。

第2条（業務）

乙は、甲商品の拡販に努め、特約小売店に販売を行うものとする。

第3条（報告）

甲の請求があった場合、乙は速やかに、商品の在庫状況、月間売上高、代金回収状況等、甲の指定する項目につき報告を行う義務を負うものとする。

第4条（代理店資格の喪失）

甲は乙が以下に記載する条件を満たさなかった場合、甲の商品販売の代理店資格を喪失させることができるものとする。

・年間販売額　金　　　　　円

3. 本契約に記載する年間販売額を下回った場合

4. その他本契約に違反したとき

第8条（有効期限）

本契約の有効期限は、契約締結の日より1年間とし、期間満了の2ヶ月前までに甲または乙から更新拒絶の申出がなされない場合には自動的に同期間更新するものとする。

2　前項の申出は書面によって行う。

第10条（合意管轄）

本契約に関する紛争に付いては、甲の所在地の裁判所を第一審の管轄裁判所とする。

以上の通り代理店契約が成立したので、本契約書2通を作成し、各自押印の上各1通を所持する。

平成　　年　　月　　日

甲）

住所

商号

代表取締役　　　　　印

乙）特約店

住所

商号

代表取締役　　　　　印

況等、甲の指定する項目につき報告を行う義務を負うものとする。

これを理解するのは、通常の日本語の文書と比べて時間がかかるでしょう。それでは、第3条の「誰が／何が」と「どうする／どんなだ」を強調して表してみましょう。

第3条（報告）
甲の請求があった場合、乙は速やかに、商品の在庫状況、月間売上高、代金回収状況等、甲の指定する項目につき報告を行う義務を負うものとする。

このようにマーキングすると「乙が」「報告を行う義務を負う」ことは一目瞭然です。さらに「甲の請求があった場合」という条件設定と、「商品の在庫状況」「月間売上高」といった報告する対象について明記されていることがわかります。

契約書を見慣れていない人だと、まず「甲」「乙」「義務を負う」といった法律用語が理解のハードルを上げますし、報告対象となるものが複数列挙されている文章を理解することに時間がかかるでしょう。

だからこそまず、**主語と述語を把握することがなにより大切**になるのです。

さらに、第8条を見てみます。

第8条（有効期限）
本契約の有効期限は、契約締結の日より1年間とし、期間満了の2ヶ月前までに甲または乙から更新拒絶の申出がなされない場合には自動的に同期間更新するものとする。

ここでも、「誰が」「どうする」を明確にしてみましょう。

第8条（有効期限）
本契約の有効期限は、契約締結の日より1年間とし、期間満了の2ヶ月前までに甲または乙から更新拒絶の申出がなされない場合には（本契約は）自動的に同期間更新するものとする。

ここでは主語の「本契約は」が省略されています。日本語特有の省略表現であるため、契約書の初心者や外国人にとって、理解を妨げる障害となるでしょう。

まず「主語はどこか」、そして、**もし省略されているとすれば「何が省略されているのか」をしっかりと把握する**ことで、全体感が見えてきます。

もしこれを外国人が読むとなれば「有効期限」「更新拒絶」といった漢字の読み方や意味に混乱するはずです。仮に、この二語を先に辞書で調べたとしても、理解できないばかりか、混乱するだけでしょう。まずは主語と述語を把握しなければ、この文章を解釈することはできないのです。

次ページでは、契約書の全文を「誰が／何が」「どうする／どんなだ」が明確にわかるようにマーキングで表現しています。こうすると、契約書がスッと理解できることを体感できるでしょう。

「誰が／何が」「どうする／どんなだ」のマーキング例

代理店契約書

A社（以下、「甲」と言う）とB社（以下、「乙」と言う）は、代理店契約を以下のとおり締結した。

第1条（目的）

甲は乙に対し、○○（商品名）の代理店として、甲商品を継続的に販売するものとする。

第2条（業務）

乙は、甲商品の拡販に努め、特約小売店に販売を行うものとする。

第3条（報告）

甲の請求があった場合、乙は速やかに、商品の在庫状況、月間売上高、代金回収状況等、甲の指定する項目につき報告を行う義務を負うものとする。

第4条（代理店資格の喪失）

甲は乙が以下に記載する条件を満たさなかった場合、甲の商品販売の代理店資格を喪失させることができるものとする。

・年間販売額　金　　　　　円

3. 本契約に記載する年間販売額を下回った場合

4. その他本契約に違反したとき

第8条（有効期限）

本契約の有効期限は、契約締結の日より1年間とし、期間満了の2ヶ月前までに甲または乙から更新拒絶の申出がなされない場合には（本契約は）自動的に同期間更新するものとする。

2　前項の申出は（甲と乙は）書面によって行う。

第10条（合意管轄）

本契約に関する紛争に付いては、（甲と乙は）甲の所在地の裁判所を第一審の管轄裁判所とする。

以上の通り代理店契約が成立したので、（甲と乙は）本契約書2通を作成し、各自押印の上各1通を所持する。

平成　　年　　月　　日
甲）
住所
商号
代表取締役　　　　印
乙）特約店
住所
商号
代表取締役　　　　印

次に、英文契約書の例を見ていきましょう。次ページに、代理店契約にあたる「Sales Representative Agreement」のシンプルな英文を記載しています。

ここではまず、契約書の後段「In addition, both parties agree」の下に記載された条文に目を向けましょう。ここは、契約書の上段に書かれた合意事項に加えた、追加条項が記載されている部分です。

以下、抜粋します。

> Commissions on refunds to customers or merchandise returned by the customer in which a commission has already been paid to the Sales Representative shall be deducted from future commissions to be paid to the Sales Representative by the Company.

この条文には、多くの見慣れない英単語が出てきます。ここで取り組むことは、何度か前から英文を読みながら、どこが動作の主体、つまり主語で、どこに「どうする／どんなだ」、つまり述語部分があるかを、まず把握してみることです。

SALES REPRESENTATIVE AGREEMENT

Agreement between __________ (Company) and __________ (Sales Representative).

Sales Representative shall:

1. Represent and sell the Company's ___ products ___ services, specifically described as ___ in the geographic area of __________.
2. Accurately represent and state the Company's policies to all potential and present customers.
3. Promptly mail in all leads and orders to the Company.
4. Inform the sales manager of all problems concerning the Company's customers within the sales territory.
5. Inform the sales manager if the Sales Representative is representing, or plans to represent any other business firm. In no event shall the Sales Representative represent a competitive company or product line either within or outside the designated sales area.
6. Maintain contact with the Company via telephone, e-mail, or other agreed upon

The Company shall:

5. Grant the Sales Representative 30-days' notice should the Company wish to terminate this agreement.
6. Pay commissions to the Sales Representative on sales from existing customers for a period of ___ months after this agreement is terminated by either party.

In addition, both parties agree:

Commissions on refunds to customers or merchandise returned by the customer in which a commission has already been paid to the Sales Representative shall be deducted from future commissions to be paid to the Sales Representative by the Company.

This constitutes the entire agreement.

This agreement shall be binding upon the parties and their successors and assigns.

Signed this ___ day of ___ , 20___ .

COMPANY:	**SALES REPRESENTATIVE:**
______________________	______________________
Signature	Signature
______________________	______________________

日本語の契約書と同様に「誰が／何が」にあたる主語と「どうする／どんなだ」にあたる述語動詞を強調してみます。

Commissions on refunds to customers or merchandise returned by the customer in which a commission has already been paid to the Sales Representative shall be deducted from future commissions to be paid to the Sales Representative by the Company.

つまり、大まかな意味は「Commissions shall be deducted」＝「（ある条件下において）手数料が差し引かれる」となります。

ここで、まず辞書を引くべき英単語は、主語にあたるcommission（手数料）であり、述語動詞であるdeducted（差し引かれる）です。全体感を把握したあとに、refunds（返金）、merchandise（商品）といった他の英単語を調べていけば、途中で細部に入り込みすぎずに、意味を理解できるでしょう。

次ページでは動作主体、述語動詞をマーキングで示します。こうすると、どれだけ英文の理解が早まるかが体感できるのではないでしょうか。

「誰が／何が」「どうする／どんなだ」のマーキング例

SALES REPRESENTATIVE AGREEMENT

Agreement between __________ (Company) and __________ (Sales Representative).

Sales Representative shall:

1. Represent and sell the Company's ___ products ___ services, specifically described as ___ in the geographic area of __________.
2. Accurately represent and state the Company's policies to all potential and present customers.
3. Promptly mail in all leads and orders to the Company.
4. Inform the sales manager of all problems concerning the Company's customers within the sales territory.
5. Inform the sales manager if the Sales Representative is representing, or plans to represent any other business firm. In no event shall the Sales Representative represent a competitive company or product line either within or outside the designated sales area.
6. Maintain contact with the Company via telephone, e-mail, or other agreed upon

The Company shall:

5. Grant the Sales Representative 30-days' notice should the Company wish to terminate this agreement.
6. Pay commissions to the Sales Representative on sales from existing customers for a period of ___ months after this agreement is terminated by either party.

In addition, both parties agree:

Commissions on refunds to customers or merchandise returned by the customer in which a commission has already been paid to the Sales Representative shall be deducted from future commissions to be paid to the Sales Representative by the Company.

This constitutes the entire agreement.

This agreement shall be binding upon the parties and their successors and assigns.

Signed this ___ day of ___ , 20___ .

COMPANY:	**SALES REPRESENTATIVE:**
______________________	______________________
Signature	Signature
______________________	______________________

こうして見ると、この英文契約書の前段はとてもシンプルであることがわかります。なぜならば、上段部分の動作主体はすべてSales Representative（販売代理店）であり、中段の動作主体はすべてThe Company（当社）で整理されているからです。

こういったシンプルな英文契約書は稀なケースであり、多くの英文契約書は動作主体と述語動詞の間には、様々な修飾語句が混在しているため、読み手の理解を妨げます。実際のグローバルなビジネスの世界では、こういった入り組んだ英文を、しっかりと理解することが不可欠になるため、まず「誰が／何が」「どうする／どんなだ」を把握していく意識がとても大切になるのです。

Point

どんなに難解な文章でも、主語と述語を把握すれば読解の道が見える

Rule 3

「単語から類推」ではなく「骨格でつかむ」

日本語でも英語でも、契約書の文面は複雑な文章構造をしています。

今後起こりうるさまざまな状況を想定したうえで当事者間の合意事項を書面に落とすことが契約書の目的だからです。結果、「誰が／何が」「どうする／どんなだ」という、主語と述語の間に、複数の条件や、タイミング、環境変化などの情報が挿入されます。よって、文章は長く、難解な表現になってしまうのです。

契約書だけでなく、日常のビジネスで目にする英文も、複雑な構造をしているものは多く存在します。そのときも、意味を理解するうえで大切なことは、契約書を読み解くときと変わりません。個別の「単語の意味から類推」していくのではなく、まずは**「英文の骨格から全体像をつかむ」**ことです。

次ページの英文は、スティーブ・ジョブズ氏によるスタンフォード大学卒業式での著

Remembering that I'll be dead soon is the most important tool I've ever encountered to help me make the big choices in life. Because almost everything — all external expectations, all pride, all fear of embarrassment or failure — these things just fall away in the face of death, leaving only what is truly important. Remembering that you are going to die is the best way I know to avoid the trap of thinking you have something to lose. You are already naked. There is no reason not to follow your heart.

名なスピーチ原稿の一部です。

　この英文を読み始めると、まず2行目に「encountered（直面した）」という難解な単語が登場し、私たち非ネイティブスピーカーを戸惑わせます。3行目には「external（外部の）」「expectations（期待）」、4行目には「embarrassment（困惑）」と、意味のわかりにくい語彙が目に飛び込んできます。

　ここで私たちが犯しがちな過ちは、出てくる見慣れない単語をひたすら辞書で調べることです。

　まずは、契約書を理解するのと同じアプローチで、英文に印をつけていきましょう。「誰が／何が」にあたる主語と「どうする／どんなだ」にあたる述語動詞を強調してみます。

主語・述語動詞のマーキング

Remembering that I'll be dead soon is the most important tool I've ever encountered to help me make the big choices in life. Because almost everything — all external expectations, all pride, all fear of embarrassment or failure — these things just fall away in the face of death, leaving only what is truly important. Remembering that you are going to die is the best way I know to avoid the trap of thinking you have something to lose. You are already naked. There is no reason not to follow your heart.

1文目でジョブズ氏が伝えたいメッセージは以下のとおりだとわかります。

Remembering A is B
＝Aを覚えていることはBだ

次の文章ではいくつかの名詞を列挙したあとで「これらのことは消えてなくなる」という表現により、おそらく、諸行無常の世の中について説明しているのでしょう。

these thing〈中略〉fall away
＝これらのことは消えてなくなる

そのあとに、再度「別のある事柄を覚えていることが、何かを意味している」こと、そして、そのため「あなたが、何らかの状態、存在であること」を伝えています。

Remembering C is D

＝Cを覚えていることはDだ

You are E

＝あなたはEだ

そして最後に、「そこには、あるものはない」と断定し、何らかの結論を再度強調しているということが理解できます。

There is no F

＝そこにFはない

まずは英文全体の骨格をしっかりとつかんだ後で、見慣れない英単語のなかでキーとなりそうなものを辞書で調べていけばいいのです。

もちろん見慣れない英単語の数が多ければ多いほど、英文構造を読み解くことも難しくなります。「鶏と卵」のように、どこから手をつけたらいいのかわからなくなることもあるでしょう。

そのときにどこからまず手をつければよいか。それは、多くの人が単語を暗記するところから始めますが、そこで暗記した単語が次に目にする英文に含まれている確率は高くありません。

むしろ、まずは**英文構造の骨格に目をむけ、その上で重要な語から辞書で調べて確認していく、というアプローチ**をとりましょう。すると、その後どんなに難解な英文にぶつかったとしても、それを理解し自分のものにしていくことができるでしょう。

Point

どんな英文でも「誰が」「どうした」をまず把握しよう

Rule 4

英文を「前から」読むクセをつける

英文の骨格をつかむのと同時に大切なことは、**英語を英語の語順通りに理解していく力を鍛える**ことです。

これは、英文と日本文の語順が大きく異なるなかで、英文を英文のまま理解していくこと、つまり、いわゆる「英語脳」を鍛えていくことです。英文を日本文の語順に変換して理解するのではなく、英文を前から順々に理解していく力のことを、本書では「前から力」と呼びます。

前述のスティーブ・ジョブズ氏のスピーチの中から抜粋した、以下の例文を見ながら、「前から力」がいかに重要かを見ていきましょう。

Remembering (A) that I'll be dead soon is the most important tool (B) I've ever encountered to help me make the big choices in life.

この英文を、日本語で直訳していくと、以下のようになります。

自分が近いうちに死ぬということを覚えていること（A）は、私がいままでに遭遇したなかで、人生において大きな決断するときの助けとして、もっとも重要な道具（B）である。

ここで、前記の例文においては、Rememberingと、それに対応する日本語訳の箇所を（A）、the most important toolとそれに対応する日本語訳の箇所を（B）、で記しています。

英文では冒頭に登場するAの部分が、日本文では真ん中に登場し、英文の真ん中に登場するBの部分が、日本文では最後に登場します。つまり、英語を理解するときに日本語の語順に変換させて理解しようとすると、私たちの頭の中は混乱し英文理解のスピードを落としてしまうのです。

この英文と日本文の語順の違いに悩まされずに英文を理解する力、つまり「前から力」がなければ、英文を速読する力を身につけるうえでの障害となります。また、英文のリスニング力向上においても、「前から力」がないと大きな妨げになります。

日本語の語順に戻して理解するのはやめる

英文を日本語の語順に戻して理解するアプローチは、日本人が外国語を理解する上での定番アプローチです。

漢文の訓読で「レ点」などの「返り点」をつけて理解する習慣も、そのひとつでしょう。漢文を理解するためのこうしたアプローチは、何百年も前から日本人が行なってきたものです。

中国語は日本語の語順と異なるため、日本人はいわば「日本語脳」をそのまま活用しながら、中国語を理解しようと工夫を凝らしてきました。外国から流入する優れた文化、学問、知識を、日本流にアレンジし見事に調和させる力は日本人の強みのひとつでしょう。中国人とリアルタイムでコミュニケーションをとるのではなく、中国の書物を日本で応用することを目的としていたことから、「返り点」アプローチが発展してきたと考えられます。

しかし現在、私たちが英語を学ぶ目的は、英文の書物を日本語脳で取り入れることだけではありません。むしろ、**リアルタイムで英語を駆使してコミュニケーションを図る**ことです。そのため英文は、そのままの語順で「前から」理解していく力を身につけることは必須なのです。

英文を理解するうえで、日本語脳で解釈すると時間がかかるばかりか、正確なコミュニケーションをとることは不可能です。英語を日本語の語順に並べ替えずに理解することが大切なのです。

Point

英文を英文の語順で理解する練習をしよう

Rule

5 「前から理解する力」はこうして鍛える

「前から力」を鍛えるためには、どのような練習が効果的なのでしょうか?

本書では「サイトトランスレーション」、略して「サイトラ」と呼ばれる学習法を紹介します。これは通訳者の訓練としても行なわれているものです。サイトトランスレーションは sight translation と書きます。sight は「視覚」「見てすぐの、初見での」を意味することから「目にしたところからすぐに訳していく」という意味です。

サイトラは2段階で行ないます。まずは、**英文を前から、情報や意味の区切り目の箇所にスラッシュ(／)を書き入れ、区切られた部分を訳していきます。**

前述のジョブズ氏のスピーチから抜粋し、以下の例文で見ていきましょう。まず区切り目にスラッシュを入れてみます。

Remembering / that I'll be dead soon / is the most important tool / I've ever encountered / to help me make the big choices / in life.

次に、以下のように、区切りごとに前後のつながりを意識しながら、ざっくりとした日本語で表現をしていきます。

覚えていることは／自分が近いうちに死ぬということを／もっとも重要な道具である／私がいままでに遭遇したなかで／大きな決断をするときの助けとして／人生において

英文をどれくらい細かく区切るか、どこを情報・意味の切れ目としてスラッシュを入れるかについては、絶対的なルールはありません。主に、主語、目的語といった役割のかたまりや関係詞、節の切れ目などにスラッシュを入れながら、切れ目の感覚を身につけていきます。

ここで大切なことは、区切りごとの訳はかならずしも正確な日本語にする必要はないということです。より重要なのは、英文の区切りをしっかりと見極め、区切りごとに、英文センテンス全体における構造・役割を理解し、解釈を頭の中でイメージできるかどうかです。英文の意味することをしっかりと頭の中でイメージできたかどうかを自分で確認するために、瞬間的に日本語に言い換えていきます。

2段階目は、英文にスラッシュを入れずに、頭の中で区切りを見極め、置き換えた日本語も紙に書き出さずに口に出していきます。これは、英文を前から読みながらセンテンスの構造を先読みし、的確な箇所で区切りを入れ、英語を瞬間的に解釈して情景をイメージする力が問われます。そして、それをざっくりとした日本語に置き換えていく訓練です。

通訳者もトレーニングで取り入れる「サイトラ」

まず英文を区切りごとに声に出して読み、瞬間的に日本語に言い換えていきます。その際、前後のつながりを表現するために適宜カッコ内の言葉を補っていきます。それを実演すると、次ページのようになります。

この口頭ベースでのサイトラは、**同時通訳者さながらの「英文構造の把握力」と「前**

Point

前から英語を理解できるようになるための訓練に挑戦しよう

Remembering
（以下のことを）覚えていることは
that I'll be dead soon
自分が近いうちに死ぬということを
is the most important tool
もっとも重要な道具である
I've ever encountered
（その道具というのは）私がいままでに遭遇したなかで
to help me make the big choices
大きな決断をするときの助けになるものとして
in life
（それは）人生において（決断に関してのことである）

から意味を解釈していく力」が瞬時に要求されます。

初見の英文を前から丁寧に音読しつつ、スラスラと口頭ベースでサイトラができる人はかなりの速読力を有しています。さらに、後述しますが、このレベルの方は、高いリスニング力も有していると判断できます。

通訳者養成トレーニングであるサイトラは、一般のビジネスパーソンの英語学習に応用すると、「前から力」の向上に劇的な効果があります。英語を無理なく「読む」スピードが大きく向上すると同時に、長い英文のリスニング力も大きく伸びるのです。

Rule

6 英語を英語のまま理解するための「イメージ力」

実は、サイトラに取り組むときに大切なのは**「英文を日本語に訳す」という意識を取り除くこと**です。サイトラに日本語が出てくるのは、英語を日本語に訳して解釈するためではないのです。英語を英語として解釈しているかどうかを、言語という形で口に出して自ら確認するためにすぎません。

前にも説明しましたが、「river」という英単語を目にしたときに「川」という漢字が頭に浮かぶ人は、日本語の翻訳を通じた英文解釈から抜け切れていない人と言えます。

一方で、riverと聞いてすぐに「山合いを流れる水の映像」や「自宅の近くにある川の流れ」が浮かんだ人は、英語を英語で解釈する習慣ができている人です。

きちんとした日本語に訳さなくてもいい

よって、頭に浮かんだイメージを表現するときに、きちんとした日本語に置き換える必要はありません。

たとえば、「smoke」という語を聞いたときに「モクモクとした物体」をイメージしたとします。その場合、次ページのようなサイトラでも十分です。「モクモクしたものが目の前に立ちふさがった光景」がイメージできているかどうかが大切であり、それを、瞬間的に「煙」という日本語の単語に置き換えられなくてもまったく問題ありません。

同時に「scared」という英単語を「怖い」「恐れを感じた」と訳す必要もなく、背中がゾクゾクとして怖くなった様子をとっさに表現するために「ゾっとして」と表現しても問題ないのです。

日本語への翻訳思考から抜け出している人ほど、瞬間的に、このような擬態語や擬音語が出てくるものだからです。

Point
「英語→日本語」ではなく、英語をイメージで捉えるようにしよう

原文

When I saw the smoke ahead of me, I felt scared and quickly ran away from there.

区切り

When I saw the smoke / ahead of me, / I felt scared / and quickly / ran away from there.

サイトラ

When I saw the smoke
モクモクしたものが目に入ってきたときに
ahead of me
自分の目の前に
I felt scared
自分は**ゾッとして**
and quickly
すぐに、
ran away from there.
そこから走っていきました。

Rule 7 おすすめ教材はハーバードのケーススタディ

具体的にどういう教材を使って勉強すればいいのでしょうか? 私のおすすめは、**ハーバード・ビジネススクール(HBS)のケーススタディ教材**です。

HBSは、ケーススタディを使って経営学を学ぶ大学院です。ビジネスリーダーを育てることをゴールとしているため、世のリーダーたちが直面する現実の課題に対して「自分だったらどう行動するか」をディスカッションするわけです。

そんなHBSのメイン教材と聞くと、とてもレベルが高く、手の届かない内容ではないかと思うかもしれません。それは、ある程度当たっています。HBSのケーススタディの英文レベルは最高峰と言えるでしょう。英語のレベルだけでなく、内容も最高峰です。学習者に突き付けられる経営課題は、常に正解のない問いであり、自分なりの答えを導きだすのは簡単ではありません。

しかし、だからこそＨＢＳのケーススタディ教材は、日本人ビジネスパーソンが英語を学習する教材として最適なのです。グローバルで活躍するために必要な、実践的でハイレベルな英文に触れることができるだけではありません。**高い視点で仕事に取り組むビジネスパーソンにとって、リーダーシップや意見力、行動力、判断力を磨く上でも最高の教材**なのです。ケーススタディを教材とする利点をまとめましょう。

①ビジネスパーソンがどんどん引き込まれる内容の面白さ
②最高峰かつグローバルエリート層のスタンダードな英文レベル
③自分の意見力を向上させるテーマの奥深さ

ケーススタディでは実在する企業や人物を取り上げているため、ビジネスパーソンにとって身近に感じられ、臨場感があります。アップル、グーグル、コカコーラ、Ｐ＆Ｇといった大手企業から、立ち上がったばかりのスタートアップ、北米、ヨーロッパ、アジア、日本といった各国の企業や政府機関などもテーマとして扱われます。その内容の面白さにどんどん引き込まれていくでしょう。

ケーススタディについて考えることは「自分ならどう行動するか」を突き付けられる

ため、常に自分の意見を持つよう促されます。**「意見力」の弱い日本人にとっては、恰好の教材**となります。

TOEIC500点前後の初級者にとって、こうした教材で学ぶのは、英文の構造を把握する力を養う上で効果的です。中上級者にとっては英文を前から解釈していく「前から力」の強化にピッタリなのです。「速聴力」「速読力」も向上するでしょう。

ケーススタディは、HBSの出版を担う「Harvard Business Publishing」のウェブサイト（https://hbr.org/store/case-studies）から、購入することが可能です。ひとつ10ドル弱でダウンロードできますのでぜひチェックしてみてください。

Point

HBSのケーススタディの教材を使ってみよう

CHAPTER 7

「音読とセットで」ひたすら聴く

ステップ4

Rule

1 ハーバードのディスカッションが聴き取れなかった本当の理由

ハーバード・ビジネス・スクール（ＨＢＳ）では、世界中から来た学生90人が階段教室に集い、80分間のクラスディスカッションをします。毎回、事前に与えられたケーススタディの分析に取り組み、入念な予習をもとに学生たちが自分の意見を述べるのです。教室の中央では、ベテラン教授がオーケストラの指揮者のように各自の意見をファシリテートし学びを深めていきます。

私は、このような刺激的な場を求めて留学を目指したものの、晴れて合格通知をもらい入学許可が下りると「いったいそのような場についていけるのだろうか？」という不安が日に日に大きくなっていきました。

そもそも私は、帰国子女でもなければバイリンガル教育で育ったわけでもなく、あくまで日本の受験教育で英語を学んだにすぎません。そんな自分がＨＢＳの授業についていけるのだろうか、と。事実、HBSは日本人ビジネスパーソンが留学するビジネススクールのなかでも帰国子女率が圧倒的に高く、ドメスティックな環境で育った日本人の比率は毎年1割程度の低さなのです。

3回に1回は発言しないと落第のリスク

HBSでは、クラスでの発言によってほぼ成績が決まります。そこには発言回数も必然的に含まれ、平均すると3回に1回のペースで発言がなければ、落第のリスクにさらされます。ペーパーテストに慣れている日本人にとっては、かなり新鮮な評価体系でしょう。

世界中から集まった、極めて積極的な学生が集うHBSのクラスルーム。そこでは、挙手をするのは当たり前です。発言のチャンスがあれば、他の学生も一斉に手を挙げるため、自分が発言したいと思ったときに発言できるとは限らず、3回に1回のペースで発言するのは、難易度がかなり高いのです。

ディスカッションがヒートアップしていけば、さまざまな発言が飛び交います。そのため、自分の前に発言したクラスメイトの意見や考えをしっかりと理解し、それらの意見を踏まえた臨機応変な発言が必要になります。つまり、自分の意見をしっかりと述べるというアウトプット力に加えて、インプット力としての高度なリスニング力も求められるのです。

実際、初日のクラスが始まってみると、想像どおりディスカッションは白熱したものでした。世界中から集まった学生たちの英語にはさまざまなイントネーションや発音が混じり合い、まくし立てる人もいれば、長々と話をする人もいます。総じて論理立てて話をすることの上手なＨＢＳ生も、発言スタイルはさまざまなのです。

留学当初は「集中して英語に耳を傾けていれば、いつか聴けるようになるだろう」と考えていましたが、なかなか変化がありません。**私は「英語のリスニング力とは何か」を改めて考えざるをえませんでした**。

自分なりに分析する中で、リスニング力には複数の要素が入っていることに気が付きました。そして、それぞれの要素を個別に強化することで、次第にクラスディスカッションの英語も聴き取れるようになったのです。

リスニング力をアップさせるとはどういうことか？

自分に足りなかった要素とはなにか。

まず、言うまでもなく**「英語の音を聴き取る力が不足していた」**ということ。また、センテンスごとに英語の意味を解釈する力もありませんでした。前述したように、英文を英語の語順通りに解釈していく「前から力」です。早口でまくしたてられる英語を瞬時に理解するには、この力が不可欠です。

さらに、**「発言の要旨を読み取る力」**もありませんでした。ディスカッションにおいて、発言者は100％論理が通り、整理できているわけではありません。長く入り組んだ発言のなかから「何を言おうとしているのか」という要旨を瞬時に理解しなければならないのです。「結論は何か」「発言の要旨は何なのか」を読み取る力が必要だったのです。

リスニング力をアップさせる、とひとことで表現するものの、実は生きた英語を聴き取るには複数のスキルを高めていく必要があります。それぞれの要素をいかに高めていくかを次に見ていきましょう。

Point

リスニング力不足は「耳だけ」が原因ではない

Rule

2

「音を聴き取る力」は「発音」と表裏一体

英語の音をしっかり聴き取れるかどうかは、私たち日本人にとって最大の課題のひとつです。音を聴き取る力を向上させるためには、まず英語の音をある程度正確に発音できるようになることが大切です。

「音読→リスニング」を繰り返す

繰り返しになりますが、まずは英語の正確な発音の違いを頭で理解すること。次にそれを発音してみることです。そのときに、意識したいのは以下の2点です。

①個別の発音　②音のつながり

特にリスニングでは、②音のつながりを意識することが大切です。ただ、音のつながりはあくまで応用編。まずは個別の音を正確に理解し、ある程度できるようになることも大切なので、順を追って取り組んでいくといいでしょう。

学習仲間どうし、SNSなどを使って、英文を音読した録音音声を送り合い、徹底して発音のフィードバックを行なうことで、自分の発音を改善していきながら音を聴き取る力も高めていくことができます。

次に、自分で発音したあとに、ネイティブの音声を繰り返し聴きます。ニュースのリスニングであれば、スクリプトを入手し、自分で丁寧に発音してみる。そして、次にそのニュースを繰り返し聴きます。そこで、単に聴くだけではなく**「音読→リスニング→音読→リスニング」のサイクルを繰り返し行なう**ことが大切です。

Point

リスニング力をアップさせるためにも「発音」を身につけよう

Rule

3 なぜ日本人はリスニングが苦手なのか？

英文の意味を瞬時に理解するには、英文の語順どおりに「前から」英語を解釈する力が必要だと述べてきました。

この「前から力」は、私たち日本人のリスニング力アップの鍵を握っています。

以下の例文を見てみましょう。

It's not uncommon for Fountain Hills residents to go to a neighboring town for a special cultural event, as we are a fairly small town.

この一文をネイティブが読み上げれば、おそらく8～10秒程度。ＣＮＮやＢＢＣのニュースキャスターであれば6秒程度で読み上げるでしょう。さて、ここで自問をしてみましょう。

私たち日本人は、この文章を6秒で読んで内容をすぐに理解できるでしょうか？　知らない語彙はすべてクリアになっていると仮定します。

初見のこの英文を6秒で詰まらずに読むことはなかなかできません。さらに、意味を理解しながら読むのは至難の業でしょう。

では、15秒ほどの時間をかけてゆっくり読んでみましょう。通常は、頭のなかで日本語に訳していくはずです。ざっと訳すと以下のようになります。

ファウンテンヒルはとても小さな町なので、この町の住民にとって、特別な文化的イベントのため近隣の町に足を運ぶことは、まれなことではありません。

聴き取る鍵は「語順」にあり

ここで、訳文を作るのに一番苦労することは何でしょうか？　それは「語順」の入れ替えです。英語と日本語は、主語、述語、修飾語の語順がまったく異なります。そのため、英語を日本人が理解しようとすると、必ずこの「語順」の壁にぶつかります。

しかし、この「語順」の壁は、英文を読んでいるときはさほどの障害には感じません。単に自分のペースで語順を入れ替えて理解すれば、つまり時間をかけて頭を使いさえすれば、英文を理解することは可能だからです。

では、ネイティブスピーカーがこの英文を読み上げたとき、私たちは英文と日本文の語順の違いを意識して、語順を入れ替えながら解釈する時間の余裕はあるでしょうか？答えはＮＯです。

私たちが頭の中で語順の入れ替えをしている隙に、ネイティブスピーカーは次の英文を読み上げます。１対１の英会話であれば相手は待ってくれます。しかし、ＣＮＮやＢＢＣのニュースキャスターは待ってくれません。そのため私たちは、一文一文の英文の解釈に手間取るうちに「周回遅れ」になっていくのです。

日本人が英語を「聴ける」状態になるには、英語の語順のままに、前から順に理解する力が必要になるのです。「前から力」を鍛えれば、早口のニュースキャスターの英文も「周回遅れ」にならずに理解できます。

リスニングが苦手な私たちは、すぐに英語の「音」を課題と捉えます。もちろんそれも課題ではありますが、実はこの「語順」の壁こそ私たち日本人のリスニング力を阻む最大の課題であり、「前から力」を徹底して鍛えなければＣＮＮやＢＢＣのニュースを聴き取る力は永遠に身につきません。

逆に「前から力」が伸びていけば、ネイティブスピーカーがどんなに早口でしゃべろうとも、意味を解釈していくことができます。

Point

「前から順に理解する力」が身につけば英語を聴けるようになる

Rule

4 前から理解する力は「読むこと」で鍛えられる

「前から力」を鍛えるには、「前から読む」に徹底的に取り組むことです。**英文を読むときに、英語の語順どおり前から理解していく訓練をしてさえいれば、英文を聴くときにも前から意味を解釈できるようになります**。リスニング力は、ひたすら聴くことで高まるのではなく、しっかりと正しく「読む」ことで高まるのです。

「前から力」を鍛えるための読み方とはどういうものでしょうか？　本書では、前述したように「サイトトランスレーション」をおすすめします。

このステップでも、前述の英文をもとにサイトトラに取り組んでみましょう。

①原文

It's not uncommon for Fountain Hills residents to go to a neighboring town for a special cultural event, as we are a fairly small town.

これを「サイトラ」していくとどうなるでしょうか？　英文にスラッシュ「／」マークを入れて、前から簡単な日本語で意味を表現していくと以下のようになります。

②サイトラ

It's not uncommon / for Fountain Hills residents / to go to a neighboring town / for a special cultural event, / as / we are / a fairly small town.

それはまれなことではない／ファウンテンヒル町の住民にとっては／近隣の町に足を運ぶことは／特別な文化的イベントのために／なぜならば／私たちの町は／極めて小さいからだ

ちなみにこれを日本語の語順通りに並べ替えると以下のようになります。

③訳文

ファウンテンヒルはとても小さな町なので、この町の住民にとって、特別な文化的イベントのため近隣の町に足を運ぶことは、まれなことではありません。

「語順を変えない」ことで速読とネイティブのリスニングが可能になる

①の英文が頭に入ってきたとき、①→③に転換していては解釈に時間がかかります。英語を「読む」ときには時間がかかってもいいですが、英語を「聴く」ときにはネイティブスピーカーの話すスピードについていけず周回遅れになってしまいます。

一方、①→②で英文を解釈できれば時間はかかりません。①→②のアプローチをすることで、速読が可能となり、英語を聴くときにはネイティブスピーカーについていくことが可能になります。

はじめのうちは、上記のようにスラッシュ「／」を入れて、ざっくりとした訳文をスラッシュごとに書き出します。慣れてきたらスラッシュは入れずに、区切りごとに英文を音読し、それに続けてざっくりとした日本語に変換しながら口に出します。

私たち日本人にとって、英語のリスニング力は代表的な課題のひとつです。しかし、リスニングは「音を耳から認識する」ことだと単純化して理解してしまうと、上達に大変な回り道と時間を要します。実はリスニング力アップには「音」の面ばかりでなく、「前から力」の強化が必要なのです。

Point

リスニング力を高めるためにも「読む訓練」は効果的

Rule

5 「要は何が言いたいのか」を意識する

リスニング力をアップさせるためには「結論は何か」「要旨は何か」を理解する能力も必要です。

結論や要旨をつかむには、ただただ英語を追っかけているだけではいけません。**「要は何が言いたいの？」という視点を持ちながら耳を傾ける必要があります**。

次ページに例を挙げてみましょう。ここで取り上げるのは、ＣＮＮのインタビューにおけるビル・ゲイツ氏の受け答えです。聞き手から「スティーブ・ジョブズ氏が好きですか？」と聞かれたときの様子です。

ここでゲイツ氏は、聞き手から突然「ジョブズ氏を好きかどうか」と尋ねられて、慌てながら「Absolutely」（もちろんです）と答えます。Absolutely は、とても強い英語

CNN聴き手

Do you like Steve Jobs?

（あなたはスティーブ・ジョブズ氏が好きですか？）

ゲイツ氏

Absolutely. Steve's brilliant, done very good work. The times we have gotten to work together, intensely on some Apple II work and then Macintosh, we enjoyed sparring with each other.

（もちろん間違いなく好きですよ。スティーブは頭が良く、仕事でも立派な実績があります。過去に私たちが一緒に仕事をしたときに、それはアップルⅡやマッキントッシュ機器についてですが、お互いに議論をすることを楽しんだものです。）

の表現で、直訳すれば「絶対的にyesです」という意味です。

その後、ジョブズ氏をほめたたえる言葉が続きますが、その様子はライバルに対するポジティブながら複雑な心境が受け答えに表れていることがわかるでしょう。

つまり、ここでの要旨は、ゲイツ氏の受け答えとは裏腹に、当人の複雑な心境が表れた内容で、ひとことで言えば「ジョブズはなかなか面白いやつで、深い付き合いがあるよ」というものです。これは決して「大好き」でも「絶対的に好き」でもありません。

このことを聴き取るためには、文字面を追っていては不可能です。**前後の流れや、声のトーン、言葉の選び方などにも気を配**

トム・グローサー氏

The ability to lead, really interesting strategic thought, certainly a soft touch with people, and the ability to identify talent. **And then finally,** and probably the most importantly and in many ways the most difficult skill, which is....

（指導力と目を見張るような戦略的思考、人々への物腰のやわらかさ、才能を見極める能力です。**そして、最後に、**おそらくこれがもっとも重要なことであり、多くの意味でもっとも難しいスキルなのですが……）

る必要があります。ここでは「absolutely」という、強い言葉を選んだ以外、表現からは読み取れませんが、私たちが前提知識として持っている両氏の関係から推測できるでしょう。

もうひとつ例を見ていきます。ロイターの元ＣＥＯであるトム・グローサー氏がＣＮＮのインタビューに答えた様子です。自分の部下に求める能力を聞かれて、彼は上記のように答えます。

さまざまな能力を列挙したあとに同氏がいちばん強調しているのは「And then finally」（そして、最後に）に続く部分です。英文の原稿を見れば簡単に強調したい部分がわかったとしても、リスニング中は「どの能力を最重視しているのか」を判別するのは簡単ではありません。

先にグローサー氏が述べた「指導力」や「戦略的思

考」といった言葉を一言一句捉えていこうとすれば、後半に述べられた最重要なスキルの説明を聴き逃すでしょう。ここでは、インタビューを聴きながら「いったい彼は、何を一番重視しているのだろうか？」という疑問を常に意識しながら聴かないといけません。

結論や要旨を把握する力を高めるためには「finally」（最後に）、「most importantly」（もっとも重要なこととして）といった**目印となるワードへ常に注意を払い、その部分をより意識して聴き取る**ことが大切です。それと同時に**話し手の論理構造にも耳を傾ける必要がある**でしょう。

こうした力はどのように高めればいいでしょうか？　これもやはり、聴きっぱなしにせず、インタビューなどのリスニング教材のスクリプト（原稿）を入手し、しっかり文面から視覚的にも論理構造を確認することです。その際、丁寧に音読をし、前から解釈しながらも、同時に「要旨は何か」を意識しながら繰り返し読むことが大切です。

Point
「要するに何？」を意識しながら英文を繰り返し読んで聴こう

Rule

6 「丁寧な音読」が聴く力を劇的に高める

英文を繰り返し聴くことなしに、リスニング力アップは期待できません。しかし、やみくもに聴き続ければいいという訳でもありません。

聴き取れなかった英文のスクリプトを確認し、何が聴き取れ、何が聴き取れなかったのかを確認することが第一ステップです。

次に、**声に出してスクリプトを読み上げてみる**ことです。音読してみると、自分の口がなかなか思い通りに動かないことに気づくでしょう。そこで、何度か練習するうちに、ネイティブの音に近づいていきます。その過程において、自分の発した音が自分の耳に入ってくることで、なぜ当初聴き取れなかったのか、自分の口と耳で体感することができます。

音読をする際には単に読み上げるのではなく、以下の点に注意して丁寧に音読をすることが大切です。

①個別の発音および音と音のつながり（リエゾン）を意識する
②英文の切れ目、構造を意識しながら、前から解釈する
③パラグラフにおける要旨を意識しながら一文を読む

①のポイントは、まさに「音を聴き取る力」を高めていくための要素です。L、R、TH、Vなど英語特有の音や、複数の単語がつながるリエゾン箇所を意識しながら丁寧に音読することで、発音が向上すると同時に音の識別力を高めていくことができます。

②は「前から力」の向上に役立ちます。声に出して読むとはいっても、やみくもに読んでいくだけでは効果はありません。発音に意識を置きながらも、英文を前から解釈し、詰まらず読み上げていく。ただ、これは難易度の高いことなので、一度目は発音に意識を置き、二度目の音読は前から解釈することに注力するというアプローチが効果的でしょう。

③は、読み上げる文章だけでなく、前後関係にも意識を置くということです。音読中の一文の後には、どのようなメッセージの文章が連なるだろうか、という意識をもって

読み上げることで「結論や要旨を把握する力」を高めていくことが可能です。

実は前記のポイントを意識すると、プレゼンテーション力も向上します。**クリアな発音で、前から意味を解釈しながら適切な箇所で間をとり、重要な意味を持つ文章を強調して読み上げる**。このプロセス自体がプレゼンテーションそのものです。

そのとき、英文を少し先読みし、ところどころ顔を上げて、詰まらずに読み上げることができるようになれば、それは立派なスピーチになります。

このように音読は、ただ単に読み上げているだけでは効果がないものの、丁寧に意識をしながら取り組むことで複数のスキルをアップさせることのできる万能練習になるのです。

Point

音読をすることで、聴く力もアップする

CHAPTER 8

結論と根拠を明確にして「ロジカルに」書く

ステップ5

Rule 1

「伝わる発言」に共通するシンプルな構造

クラスメイト90人の熱気あふれる階段教室。中央には身振り手振りを交えて熱く語る教授。彼が質問を投げかけると一斉に半分近い学生たちが挙手をする――。HBSの見慣れた授業風景のひとつです。

もっとも教授から遠い席に座る長身のクラスメイトがいました。彼は教授が質問をすると、いつもひときわ高い位置に手を挙げます。オックスフォード大学を卒業し、ロンドンでコンサルティングファームに就職。その後、同社を退職してHBSに学びにきた、知性溢れるイギリス人でした。

「明確な結論」と「3つの理由」

彼が発言をするとクラスメイトどうしが目を合わせて苦笑する光景も、クラスでよく見た風景です。

「私の意見は○○です。理由は3つあります。1つ目は……」

彼の意見は、かならず理由が3つにまとまっていました。理路整然と発言する姿はとても説得力がありました。一方で、どんな些細な事柄についても3つで理由をまとめてくるので「あ、また、始まった。3つのポイントだ」などと、クラスメイトの冗談の標的にもなっていたのです。

ただ、このように3つに理由をまとめる発言アプローチは、彼特有のものではありません。コンサルティングファームや投資銀行出身者の多い米国のビジネススクールでは、結論を明確にして根拠を3つ明示しながら自分の意見を述べるスタイルは、いわば基本中の基本なのです。

ゴールドマン・サックス、マッキンゼーの職場においても、結論を明確に示し根拠を3つにまとめるアプローチは、会議における共通言語とも言えるものでした。日頃、クライアント企業に対して価値ある提言をするためには、結論を明確に示し、しっかりとした根拠に基づく必要があるのです。

ここでの「価値ある提言」とは、かならずしも難しい内容であったり、斬新なアイデアであったりする必要はありません。聞きなれた結論であっても、シンプルでわかりやすく、納得感のある根拠に基づいていれば、それは立派な提言になるのです。

「ピラミッドストラクチャー」の3つの利点

実はここに、私たちが目指すべき英語コミュニケーションの答えがあります。それは、英語でアウトプットするときは「結論を明確にし、根拠をわかりやすく明示する」ということです。

語彙や表現は、決して相手をうならせるような難易度の高いものである必要はありません。大切なのは**「聴いていてスッと納得できる、シンプルだけれど説得力のある結論と根拠の組み合わせ」**です。それこそが、「シンプルに伝える英語」なのです。

結論と根拠の関係を図示すると図1のようになります。ピラミッドの頂上に結論が描かれ、その結論を3つの根拠が支えているため「ピラミッドストラクチャー」と言われるものです。

図1

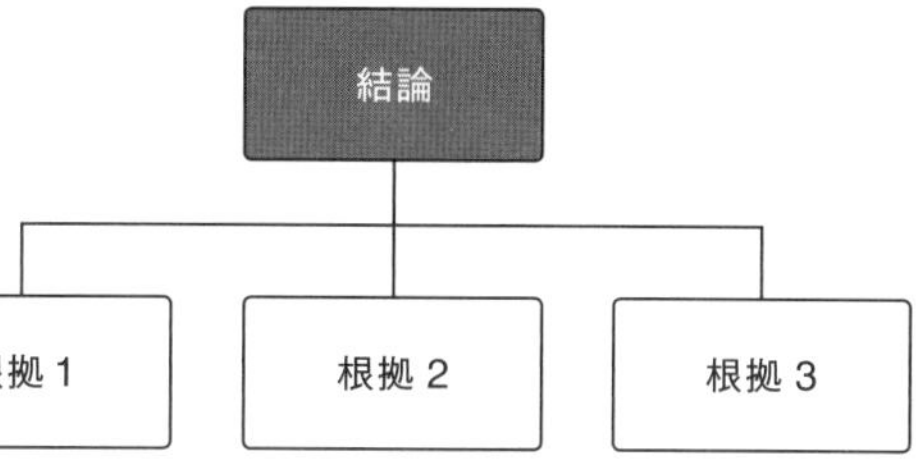

図2

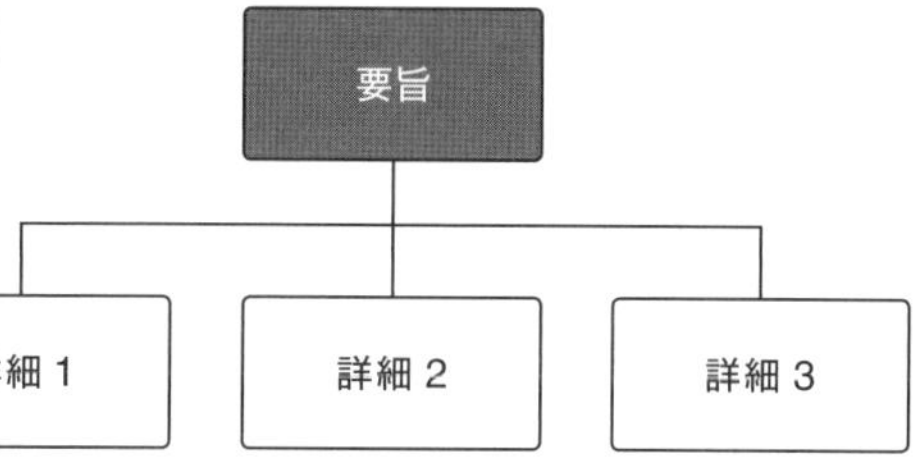

私たちが英語で意見を述べるときは、まずこのピラミッドストラクチャーで結論と根拠を組み立てることが大切なのです。

また、情報を伝えるときは、まず冒頭で要旨を伝えた後、詳細を述べます。これは図2のストラクチャーです。

ピラミッドストラクチャーに基づいて発言することには3つの利点があります。

①説得力が増す

②日本語アクセントの残る発音でも伝わりやすい

Today I want to tell you three stories from my life. That's it. No big deal. Just three stories.

（今日は、私の人生から３つの話をしたいと思います。ただ、それだけです。大げさなことではありません。わずか３つの話をするだけです。）

〈中略〉

The first story is about connecting the dots.

（最初の話は、点のつながりについてです。）

〈中略〉

My second story is about love and loss.

（２つ目の話は、愛と喪失についてです。）

〈中略〉

My third story is about death.

（３つ目の話は、死についてです。）

---

③簡単な英語の語彙を活用しやすい

ここで、上記のジョブズ氏のスピーチの構造を改めて見てみましょう。

ジョブズ氏のスピーチは、冒頭に結論のメッセージ、つまり「私の人生から3つの話をする」と語り、全体を3部構成にしています。まさにピラミッドストラクチャーそのものです。

私たちも冒頭に結論を述べましょう。結論を最初に述べることでメッセージは明確になります。

すると、**日本人特有のアクセント**

の残る発音であっても、聴き手はそのあとに続く言葉が結論を支える根拠であると予想できます。発言内容を理解しやすくなるのです。

また、ジョブズ氏の冒頭の結論である"Today I want to tell you three stories from my life."は、わずか11個のシンプルな英単語で表現されています。仮にこのメッセージを結論と根拠が混ざった長い英文で伝えようとすれば、多くの語彙や表現を一度に頭のなかで整理しなければいけません。それは非ネイティブスピーカーである日本人にとっては難しいことです。よって、まずは結論あるいは要旨を手短に伝えることが大切になってくるのです。

ピラミッドストラクチャーを意識するだけで伝わり方はぐっと増すのです。

Point

意見を述べるときは「明確な結論」と「その根拠」を伝えよう

Rule

2 ロジカルに「書く」を徹底的に繰り返す

ピラミッドストラクチャーで意見を述べられるようになるための訓練はどのように積めばよいでしょうか？　その答えは、徹底的にピラミッドストラクチャーで「書く」ことです。結論と根拠を明確にしてロジカルに「書く」訓練を積み重ねましょう。

ピラミッドストラクチャーを意識したアウトプットの訓練に、なぜ「書く」が効果的なのでしょうか？　それは、以下の3つの理由があります。

①「話す」より「書く」方が、時間をかけてアウトプットできる
②発音などを意識せず、結論と根拠に集中できる
③ピラミッドストラクチャーを視覚的に確認できる

英語を論理的に「話す」が最終ゴールだとしても、「話す」は即興の要素が多いため、ピラミッドストラクチャーをじっくり意識しながらアウトプットすることは難しいでしょう。会話や会議で発言するときは、つい慌ててしまい論理構造は崩れがちです。

サッカーで例えるなら、試合中に突然訪れる一瞬のチャンスに、常に慌てず正確なシュートを打つのは難しいもの。そのため一流選手は、まずシュート練習だけを繰り返すのです。

英語においても、会議の場を実際の試合とするなら、じっくりと時間をかけて論理的に結論と根拠を構成する練習を普段から繰り返しておく必要があります。

リアルな場での発言は、録画や録音をするという特殊な環境下でない限り、後から振り返ることはできません。そのため、結論と根拠を明確にして発言をしたつもりでも、実際それが不明確であることも多々あります。

一方、文章であれば、その都度読み返すことができるため、結論の不明確さ、根拠の複雑さ、あいまいさなどを、自分で確認できるのです。「書く」ことでピラミッドストラクチャーを確認しながら質を上げていきましょう。

「ラインライティング」で結論と根拠を磨く

ピラミッドストラクチャーで書く訓練をするにあたり「ラインライティング」という練習を紹介します。この練習は、次ページの図のように箇条書きで短い行の文章を書いていくというものです。

ラインライティングでは、結論と根拠を明確にするため、それぞれの行を短く改行します。**冒頭に結論を述べ、それに続いて根拠を明確に述べます。**根拠は1つのケースもあれば、3つの異なる根拠を挙げることもあります。さらにもう一度結論でしめることで、メッセージを明確に伝えます。

結論から始めず、だらだらと長い英文を作成しようとすればするほど、伝えたいメッセージや論理構成は不明確になっていきます。長い英文を書こうとすれば、思いつかない英単語に直面するでしょう。そこから和英辞書を引きはじめ、難しい構造の英文表現を探し求めるといった悪循環に陥ります。

一方、ラインライティングでは、結論を短くまとめて言い切り、根拠もできるだけシンプルに書きます。使用する英単語や表現も、できるだけ知っている範囲に絞ります。

3行の列 結論 → 根拠 → 結論（リフレーズ）

■……………………………………………………（結論）

■……………………………………………………（根拠）

■……………………………………………………（結論リフレーズ）

5行の列 結論 → 3つの根拠 → 結論（リフレーズ）

■……………………………………………………（結論）

■……………………………………………………（根拠1）

■……………………………………………………（根拠2）

■……………………………………………………（根拠3）

■……………………………………………………（結論リフレーズ）

3行の列（詳細版） 根拠に対して詳細情報を付加

■……………………………………………………（結論）

■……………………………………………………（根拠）

- ……………………………………………（根拠の詳細1）
- ……………………………………………（根拠の詳細2）
- ……………………………………………（根拠の詳細3）

■……………………………………………………（結論リフレーズ）

時間を区切って書き上げる練習をする

この練習をするときは、ひとつのテーマについて3分なり5分なり時間を制限して一気に書き上げるようにしましょう。実際の英語での会議の場では、じっくり考えて発言することができないためです。結論を瞬時に導き出し、それを支える根拠をすぐに列挙する必要があります。

そのとき、頭脳を使うべきは、難しい英単語を探すことでもなければ、長い文章を作文することでもありません。短く明確な結論、それを支えるシンプルな理由を導き出すことです。そして、それらを表現するための、わかりやすい英語のキーワードを探し出せばよいのです。

Point

短い時間で論理的に書いてみよう

Rule 3 「身近なトピック」について書く

具体例を少しご紹介しましょう。

ラインライティングでは、日常的でシンプルなテーマをトピックとして取り上げると効果的です。たとえば、「自分の好きな飲み物」について書いてみましょう。次ページをご覧ください。

結論は「私の一番好きな飲み物はコークです」という短いものです。そして、その結論を支える根拠として「爽快だから」とシンプルな理由が続きます。最後に結論をリフレーズします。その結果、聴き手にメッセージが明確に伝わるのです。

この文例は、図で表現するならば、次ページの上図のようになります。

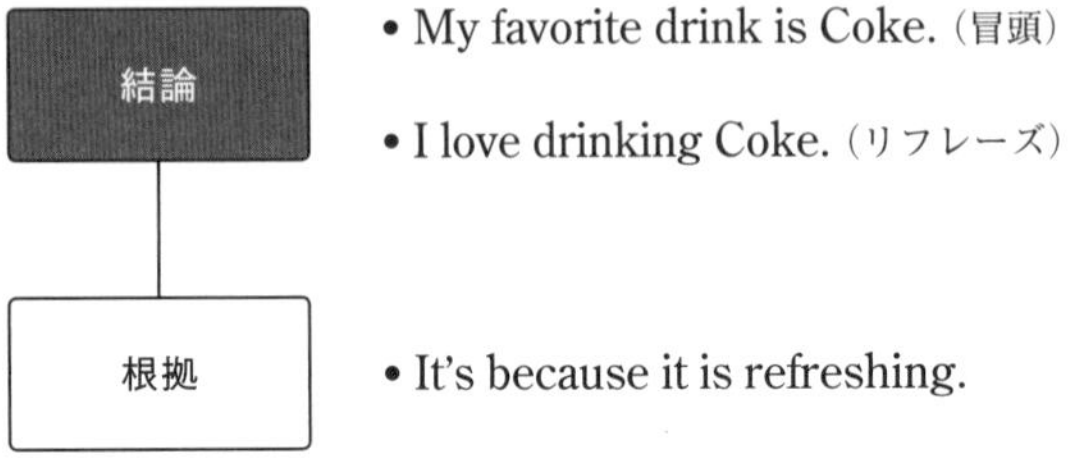

Topic: My favorite drink
（自分の大好きな飲み物について）

■ My favorite drink is Coke.
（私の大好きな飲み物はコークです。）

■ It's because it is refreshing.
（なぜならば、爽快だからです。）

■ So, I love drinking Coke.
（そのため、私はコークを飲むのが大好きです。）

もし、より説得力を持たせたい場合はどうすればいいでしょうか？

ひとつは、**根拠を増やすこと**。もうひとつは、**根拠を深掘りして詳細を増やすこと**です。ひとつずつ見ていきましょう。

説得力を持たせるために「根拠」を増やす

次の例では、根拠が3つに増えています。2つ目の理由は「どこでも入手できるから」、3つ目の理由は「コークは安いから」です。

3つの理由は、どれも当たり前の内容ですが、3つの根拠を挙げられてしまえば、聴き手は「なるほど」と思わざるをえないでしょう。ピラミッドストラクチャーで表現すると、次ページの図のようになります。

Topic: My favorite drink
（自分の大好きな飲み物について）

■ My favorite drink is Coke.
（私の大好きな飲み物はコークです。）

■ First, it is refreshing.
（第一に、爽快だからです。）

■ Second, it is easy to buy.

（第二に、容易に購入できるからです。）

■ Third, it is cheap.

（第三に、安いからです。）

■ So, I love drinking Coke.

（そのため、私はコークを飲むのが大好きです。）

根拠に「詳細情報」を付け加える

次ページの例は、根拠を3つに増やすのではなく、**1つ目の根拠を深掘りしています**。「爽快だから」という理由を支える情報を付加するのです。それは、コークの「冷たさ」「炭酸の泡」、そして「甘さ」が爽快さの源泉であることを伝えています。この場合も聴き手は「なるほど、あなたがどれだけコークが好きかわかりました。」と納得するでしょう。

このとき、ライティングのフォーマットに目を向けてみましょう。１つ目の理由を支える付加情報については、箇条書きのインデントを右（この場合は下）にひとつずらしています。英語でいえば、ブレットポイント（箇条書き）とサブブレットポイント（インデントした箇条書き）で、ピラミッドストラクチャーの構造を明確に示しています。

さらに、根拠を３つに増やしたあとに、３つのそれぞれの根拠に対しても付加情報を与えていくと、さらに説得力のある文章になります。

Topic: My favorite drink
（私の大好きな飲み物について）

■ My favorite drink is Coke.
（私の大好きな飲み物はコークです。）

■ It's because it is refreshing.
（なぜならば、爽快だからです。）

- The cold temperature gives me a nice feeling.
（冷たくて気分がスッキリします。）

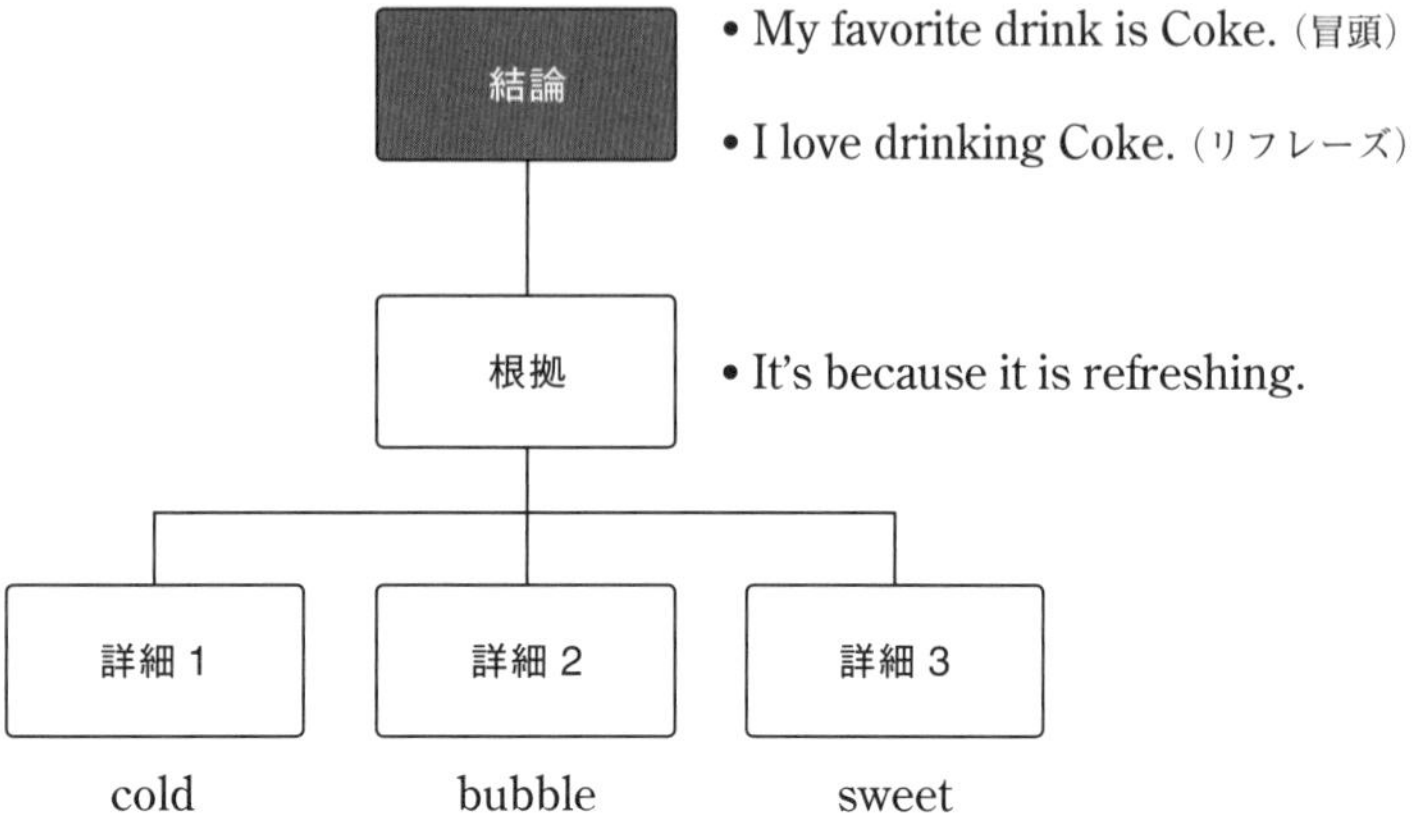

- The bubbles always wake me up.
（泡が目を覚ましてくれます。）
- The sweet taste stimulates my brain.
（甘みが脳を働かせてくれます。）

■ So, I love drinking Coke.
（そのため、私はコークを飲むのが大好きです）

Point **根拠を増やすか詳細を増やそう**

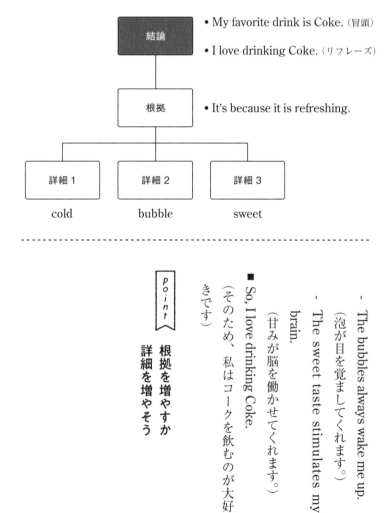

Rule 4 ひとことで表せる英単語を見つける

ピラミッドストラクチャーを意識したラインライティングを繰り返すことで「結論と根拠」「論旨と詳細」というロジカルなコミュニケーション力が高まります。

書き上げた自分のライティングを振り返ってみれば、自分の論理の不明瞭さに自分自身で気づくことができるため、セルフラーニングにも最適です。

また、難解な英単語や英語表現に頼ることなくメッセージを伝えることができるようになります。先ほどのケースを見てみても、使われた単語は、refreshing（爽快な）、temperature（温度）、bubble（泡）、sweet（甘い）などの簡単な単語だけです。

ここで大切なことは**「簡単だけれど重要な役割を果たす短いキーワードを見つけられるか」**ということです。

本書では、これらのシンプルなキーワードを「サマリーキーワード」と呼びます。サマリーキーワードは決して難易度の高い英単語ではありません。「何かを表現しようとするときにひとことで表せる英単語を見つけられるか」が鍵なのです。ここでも「自分の言いたいことを表現する語はなにか？」という問いに対して、要旨、あるいは、結論を探す意識が大切です。

「コークを飲んで、スカッとする状態、シュワシュワする感覚、パッと目が覚める様子」をひとことで表す語は何か？　決して「スカッとする」を和英辞書で調べてはいけません。**英単語を探す意識ではなく、結論や要旨としてピッタリくるキーワードを探そうと意識することが大切です。**

この場合、スカッとする状態、シュワシュワする感覚、パッと目が覚める様子を「refreshing」（爽快な）という、わずか一語の簡単なキーワードで表現しました。これが、シンプルに伝えるために大切なことなのです。

Point

つねに「簡単な英語で表現できないか」を考えるクセをつけよう

Rule 5 自分の意見を明確にしてこなかった日本人

ラインライティングの練習を続けていると、自分の意見や考え、好みを明確にする習慣をつけられるようになります。

先ほどの例でいえば「自分の好きな飲み物はコークである」という明確な意思を認識することができます。おそらく多くの日本人にとって「好きな飲み物は何か」という日常的な質問に対しては「考えたことがない」というのが本音でしょう。

英語の世界では「あなたはどう思う？」「あなたは何がしたいの？」「あなたは何が好きなの？」といった自分自身の考え、欲求、好き嫌いを、個人として明確にすることが求められます。

一方で、日本の学校教育において自分の意見を明確にする訓練はほとんどなされていません。日頃の人間関係のなかでも「自分はこう思う」を明確にすることは少なく、過度にそれを示すことは人間関係にマイナスの影響を及ぼすこともあるでしょう。そのため私たちは「自分の好きなものは何か？」「自分はどう考えるか？」「自分はどうしたいか？」に対する答えを見つけることが苦手なのです。

質問に答えられないのは答えがないから

ネイティブスピーカーからのなにげない質問に対して、言葉が詰まる経験をしたことがある方は多いと思います。

“What is your favorite drink?”と聞かれたときに、スラスラと答えは出てくるでしょうか。ここで答えに窮した経験は私もあります。日本人はこういうときに英語が出てこずに英語力の低さを嘆きますが、**そもそも「答えがない」のも言葉の詰まる原因**です。

「自分は◯◯だ」を明確にすることは「自分の立場／ポジションを明確に持つ」こと。つねに「好きか嫌いか」「自分はこう思う」を明確にする意識を持ち、少なくとも英語環境では自分のモードを切り替えて、ポジションを明確にすることが英語でのアウトプット力を高めるうえでとても大切なことなのです。

ラインライティングでは、強制的に与えられたテーマについて「結論＝自分のポジション」を明確にします。これが結果的に自分の意見を形成する訓練になるのです。

つねに「自分ならどうするか?」を考える

日本人どうしの会話では、無味乾燥な波風の立たない意見を述べることでその場が和む、ということがよくあります。

しかし、英語コミュニケーションの世界では、**無味乾燥な発言をする人は「つまらない人」**になってしまいます。会議で発言をしても価値を生みません。ハッキリと自分の意見を持ち、堂々と伝えられる人が重んじられるのです。

それでは、自分の立場を明確にし、意見、考え、好き嫌いをハッキリと伝えられるようになるためにはどうすればいいでしょうか。それは、日本語の環境であっても「自分ならどうするだろう?」という自問を繰り返すことです。意見の鋭さ、つまり「意見力」を鍛えるには、つねにさまざまな事象に対して自問をするクセをつけましょう。

たとえば、友人や後輩からキャリアの相談を受けたとしましょう。そこで求められているのは、世の中のさまざまな見方を整理してあげることではありません。「自分が相手の立場だったら、このように決断する」と伝えてあげることに価値があるのです。あいまいなアドバイスは相手を混乱させるだけです。

ここで、相手の立場に身をおく意識がなければ、親身になったアドバイスはできません。「自分ならどうするだろう?」と本気で考える必要があります。

常日頃からさまざまな事象に対して「自分ならどうするか」を自問しておくと、いつでも自分の立場を明確にできるようになります。好きな飲み物について聞かれている友人を見たら、自分はどう答えるか自問してみる。取引先との会議で上司が相手の質問に答えている様子を見たら、自分が上司だったらどのように答えるだろうか、と自問してみる。テレビで総理大臣が質問に答えている姿を見たら、自分だったらどう受け答えするかを自問する……。

このような自問の連続が、自分の立場、意見、考えを明確にする上でとても役に立ちます。「自分ならどうするか?」は「シンプルに伝える英語」を身につけるための呪文のようなものなのです。

Point

自分の意見を持つと英語が口から出てくるようになる

CHAPTER 9

かならず「フルセンテンスで」話す

ステップ6

Rule

1 会議で英語を話すことの難しさ

ゴールデンウィークが明けた5月初旬のこと。新卒で入社したゴールドマン・サックスで1ヵ月の全体研修を終えた私は、企業アドバイザリーのプロジェクトにメンバーとして配属されました。

そのプロジェクトは、グローバルに展開している日本のメーカーが海外企業を買収するにあたり、財務アドバイザーを務めるというものでした。社内では多国籍のプロフェッショナルで構成されるプロジェクトチームが結成されました。チームリーダーは、ロンドンオフィス出身のパートナー（共同経営者）。メンバーはアメリカ、イギリスで教育を受けたバンカーたちによって編成され、日々のプロジェクト運営においては日本の大学を卒業したメンバーは私ひとりでした。

早速、他のオフィスに在籍するチームメンバーと東京オフィスをつなぎ、電話会議が設定されました。日本の大学を卒業した新入社員としては、私の英語レベルは高いほうであり、自分自身もその電話会議が始まるまでは、英語は得意な方だと認識していました。しかし会議が始まると、それが大きな勘違いだったことが判明したのです。

英語に自信があったのに、会議で英語が出てこない……

会議ではいくつかの異なるアクセントのある英語が飛び交い、まず話を聴き取ることが大変でした。英語の理解度もさることながら、買収のプロセス、企業財務、事業戦略に関する専門用語も飛び交い、何を話しているのかさえまったくわからない状況でした。

さらに大きなショックを受けたことがあります。その会議における私の発言チャンスは、ほんのわずかでした。手短な自己紹介と、会議の後半に今後の作業内容を確認する場でいくつかの受け答えをするくらい。しかし、そのわずかな発言機会においてさえ、得意だと思っていた英語が全然出てこなかったのです。

なぜ英語が出てこなかったのか？　それは、学生時代に慣れていた英会話と、複数人が参加する国際的な電話会議において求められるビジネス英語に大きな違いがあったからです。それは、以下の3つです。

①自分の発言中に、聴き手が相づちをしてくれない

②会議参加者は順番に発言し、自分が発言するとき、他の参加者はみんな静かに聴いている

③身振り手振りが見えない

学生時代にしていた英語のコミュニケーションでは、基本的に誰かが頷いたり、相づちをうったりしてくれました。

そういった場では、仮に英語に詰まったとしても、その場の誰かが会話を拾ってくれます。こちらから質問をしようとするときも、文章の語尾を上げて話したり、「Why?」「How?」といった言葉を使いながら身振り手振りを交えれば、たいていは通じました。

しかしその電話会議では、私が発言するとき、みんなは静かに聴いています。誰かが頷いてくれる様子も見えず、身振り手振りを交えて伝えることもできません。さらに、話が途中で詰まってしまっても、他のメンバーはじっと聴いているだけです。

新入社員の私をチームメンバーとして認めてくれた先輩や上司には感謝しながらも、わずかな時間にもかかわらずまともな受け答えができなかった自分に大きなショックを受けました。

そのとき私に必要だった英語は、「Yes」か「No」などのあとにわずかな英文を付け足して、身振り手振りで受け答えするようなコミュニケーションではありませんでした。小さな声で、ネイティブっぽく頷きながら、ボディーランゲージで表現することでもありませんでした。

必要だったのは**「大きな声で、ゆっくりと、はっきりと通じるように」コミュニケーションすること**だったのです。さらには、**英語の文章をしっかりと組み立て、冒頭の主語から語末のピリオドまで、きちんと言い切る英語**でした。最後まで言い切らない英語を話していれば、当然ながら他の電話会議の参加者は、私の発言が終わるまで静かに耳を傾けることになります。私にはフルセンテンスで英語を「話す」ということが求められていたのです。

Point

あなたは「フルセンテンスで話す」ことができますか?

Rule

2 きちんと「文章で」質問する

「フルセンテンスで話す」とはどういうことでしょうか？

これは、大人数が参加する会議において英語で質問をするところを想定すると、理解しやすいでしょう。

まず、マンツーマンでの会話を想定してみます。

相手

I recently met your old friend Michael, and had dinner with him.

（最近、あなたの旧友であるマイケルに会って、一緒に食事をしたよ。）

自分
Really, when?
（本当？　いつ？）

マンツーマンでは、誰と誰が話をしているかは一目瞭然、つまり、自分と相手の2人です。そのためアイコンタクトは常にあり、会話のキャッチボールも、どちらに投げればよいかは明らかです。そのため「自分の旧友であるマイケルに会い一緒に食事をした」と言う相手に対して「それはいつのこと？」を質問するときは、"When?" のひとことで通じます。

しかし、同じように「いつ？」を質問するとしても、会議の場では以下のように聞かなければなりません。

会議の他の参加者
I recently met Mr. Tanaka, General Manager of ○○ Corporation, and discussed our business partnership with him.
（最近、○○社の田中部長に会い、そこで当社とのパートナーシップについて議論をしました。）

自分

When did you meet Mr. Tanaka, and discuss our business partnership with him?

（田中部長と会って、当社とのパートナーシップについて議論をしたのは、いつのことですか？）

「誰が」「誰に対して」「何を」聞いているのか？

会議の場では“When?”だけでは、コミュニケーションはとれません。それは、あなたが突然“When?”と発言をしても、それが誰の声なのか、誰が誰に対して聞いているのか、まわりの参加者には、はっきりわからないからです。それが電話会議ならなおさらです。

そして、仮にあなたの質問であると気づいてもらったとしても、複数人の参加する会議の場では「何の事柄について、いつ？」と聞いているのかを明示する必要があります。

なぜなら、誰かの発言中に、突然質問を挟むことは難しく、一通りの発言を終えた前のスピーカーに対して質問をするとすれば、「何について聞いているのか」を明確にする必要があるからです。

会議の場で質問をするには、フルセンテンスで質問するという高いハードルがあります。さらには、まわりの参加者にも聴こえるように話をする必要があります。**「ゆっくり、滑舌よく、堂々と大きく口を開き、お腹から声を出す」必要があるのです。**目の前の相手に対して、モゴモゴと、身振り手振りをつけながら、ひとことで聞き返す、いわゆるマンツーマン英会話とは異なるコミュニケーション力が求められます。

会議の場では、自分から他の参加者に質問することも多くあります。グローバルファームでは「会議で発言しないのはその場にいないことと同じ」と評価されますが、ここでいう発言とは、必ずしも自分の意見を述べることだけではありません。議論が深まり、新しい気づきや視点をもたらすような質問も、とても価値ある貢献とみなされます。そのため、質問力はとても大切なスキルなのです。

Point

フルセンテンスで質問するクセをつけよう

Rule

3 質問されたら フルセンテンスで答える

「フルセンテンスで話す力」を伸ばしていくには、どうすればいいでしょうか?
それにはまず、聞かれた質問に対して「Yes」「No」などの単語での回答ではなく、ひとつの文章、つまり主語や述語を含んだ完全な英文として答えることです。
まずは、簡単な会話の例で説明してみましょう。

相手：Do you like coffee?　(コーヒーは好きですか?)
自分：Yes, I like coffee.　(はい、私はコーヒーが好きです。)

「フルセンテンスで話す」とは「Yes / No」だけで終わらせないということ。Yes であれば、"Yes, I do." または、"Yes, I like coffee." と、きちんとした文で表現するということです。

そして、次のステップでは、センテンスで答えた自分の一文のあとに、以下のようにもう一文加える意識を持つと、よりセンテンスで話す力が磨かれていきます。

相手：Do you like coffee?（コーヒーは好きですか?）

自分：Yes, I like coffee. I usually drink coffee every morning. I can't actually wake up without having a cup of coffee.

（はい、私はコーヒーが好きです。私は、普段毎朝コーヒーを飲みます。実は私は、一杯のコーヒーを飲まないと目が覚めないのです。）

このように、些細な質問のやりとりのなかで、常にフルセンテンスで答え、さらに一文追加していこうとする意識が大切です。それが、会議の場などで自分のパートを話し切る力を磨いていく近道になるのです。

Point Yes や No だけですませない

Rule 4

「日本人どうし」の英会話でフルセンテンス力を高める

何度か述べていることではありますが、日本人どうしでのカジュアルな英語コミュニケーションも効果的です。日本人どうし英語で会話をすることで、フルセンテンスで話す力を伸ばすことができます。

ネイティブスピーカーとの英会話では、私たちが言葉に詰まった場合、助け船を出してくれるケースが多いでしょう。現在形、過去形を間違えてしまったり、口からなかなか出てこなかったりしても補ってくれます。

中学、高校時代、読むことを中心に英語を学んできた私たちにとっては、英語を紙に書けば時制の間違いなどについて自分で気づくことができます。私たちの課題は、話す場面になったとたん、知っているはずの英文の構造や基本的な文法が生かせなくなることなのです。

ネイティブスピーカーにとって、私たち日本人がどのような文法の基礎知識を持っているのか、どの表現を難しいと感じるのか、を判断するのはとても難しいことです。**どのタイミングで助け船を出すべきかがわからないため、フルセンテンスで話しきる力を伸ばすには逆効果となる助け船が出されてしまうのです。**

一方、日本人どうしの会話では、助け船を出し合うケースは少なくなります。結果、自分で話し始めた内容を最後までフルセンテンスで作る機会が多くなり、長い英文を話しきる練習を積むことができるのです。

問題は、日本人どうしの英語コミュニケーションの場では、お互いに照れや恥ずかしさが生まれることです。この練習を徹底するためには「断固として英語でコミュニケーションをするのだ」という参加者の強い意志と環境設定が必要になります。

Point **英語での会話を日本人どうしでやってみよう**

Rule

5 英語を話すときに大切な「山を途中で下る」勇気

話しきる、伝えきる。そこで必要なのは**「自分の知っている語彙や表現の範囲で」アウトプットする力を磨く**ことです。

コミュニケーションを山登りにたとえると、「伝えきる」ことは「山頂にたどり着く」ことです。そして、コミュニケーションを始めることは、山を登り始めることです。ただ、多くの場合、山頂にたどり着く前に「言葉が出てこない」という「語彙力不足」の壁に直面します。そのときにその壁を乗り越えるアプローチは2つあります。

1つ目は、辞書の力を借りること。2つ目は、山頂に行くための別のルートを探すことです。途中まで登った山であっても思い切ってふもとまで下り、山の逆側からまたせっせと登り始めるのです。

1つ目のアプローチである「会話の途中で辞書を引く」という方法は現実的ではあり

ません。会話が中断してしまいますし、和英辞書で調べた訳が適したものかどうかもわかりません。

有効なのは2つ目のアプローチです。つまり、思い切って「山を下る」のです。**途中で知らない単語にぶつかったとしても山頂に到達するルートは他にも無数にあります。**自分の知っている単語を用いて伝えることにもっと注力してみましょう。

山を下るとはどういうことか。「banana」を説明することを例に見てみましょう。

あなたはこう説明し始めます。

It is a fruit.（それはフルーツです。）

It is yellow.（そのフルーツは黄色です。）

聴いている相手は、

Is it lemon?（それはレモンですか?）

と聞いてくるかもしれません。そこで、あなたは以下のように続けようとします。

It is often grown in ………　（それはしばしば……）

ここであなたは「熱帯地方でよく栽培されるフルーツだ」と表現しようとします。しかし「熱帯地方（the tropics）」という言葉が出てきません。そこで途中まで登った山を思い切って下り、別の説明の仕方を探します。たとえば、

Monkeys like this.　（猿がこれを好みます。）

と言えば、聴き手はとっさにバナナのことを説明しているとわかるかもしれません。これが和英辞書を使わずに「山を下る」ということです。

タブーゲームで「山下り」を磨く

この「山下り」を身につけるための「タブーゲーム」と呼ばれる練習をご紹介します。先ほどの例でいえば、バナナを説明するときに使ってはいけない「タブー」の表現、つまり口にしてはいけない語を3つ設定します。仮に「fruit」「long」「monkeys」と

しましょう。この3つの語彙を使わずに、バナナを説明するというゲームです。
実際はこれらの基本単語が思いつかないということは、あまりないかもしれません。
しかしだからこそ、そうした語を使わずに訓練することで、伝えきる力を養うことができるのです。
たとえば、

It is sweet and delicious.（それは甘くて美味しいです。）

と言えば、食べ物であることが伝わるでしょう。

The inside is white and the outside is yellow.
（中身は白く、外は黄色です。）

と言えば見た目を伝えられます。

You need to peel the outside to eat this.

（外側をむいてから食べます。）

こう伝えれば、バナナだと思いつく人は多いでしょう。

ただし、ここでもpeel（皮をむく）が思いつかなければ、別のルートを探す必要があります。

I often find it at the counters of coffee shops.

（コーヒーショップのレジでよく見かけます。）

と言えば、スタバのカウンターで見るバナナの様子が伝わるかもしれません。

このようにひとつのルートにこだわらずに、壁にぶつかったらあっさりと山を下り、山の反対側から登り始める。この頭の切り替えが英語のアウトプットでは大切なのです。

子どもにもわかるように説明する

また、難しいことを子どもたちに上手に説明できる人は、英語の上達が早いでしょう。

まず「伝えること」があり、そこから逆算してもっともわかりやすいルートを見つけられる。日本語でも英語でも、これができる人は「シンプルに伝える」ことがうまいのです。

よって、英語で何かを説明したり、話したりするときは、日本語で子どもに何かを説明するときのように一瞬立ち止まり、**いちばん簡単でわかりやすい説明のルートを考えてから、英文を作成し始める**ことです。

そのためにも日ごろから「シンプルに伝える日本語」を使うクセをつけておくといいでしょう。その練習が「シンプルに伝える英語」の習得を加速させてくれます。

Point

「手持ちの単語」であらゆることを伝える練習をしよう

CHAPTER 10

英語のテクニックより大切なもの

Rule

1

あなたが伝えたいメッセージはなんですか？

シンプルな英語を習得するための6ステップを見てきました。再度、確認しておきましょう。

ステップ1　「ブロークン」でもいいからとにかく話す
ステップ2　正しい発音を「まず頭で」理解する
ステップ3　英文を「前から」解釈しながら読む
ステップ4　「音読とセットで」ひたすら聴く
ステップ5　結論と根拠を明確にして「ロジカルに」書く
ステップ6　かならず「フルセンテンスで」話す

最後になるこの章では、英語のノウハウやテクニックよりも大切だと私が考えるマインドの話をしたいと思います。

口数の多さで勝負をしない

私たちの目的が「ペラペラ話す」ことでないことは繰り返し述べてきました。つまり、**大切にすべきなのは「口数の多さ」ではなく「メッセージを効果的に伝えること」**だと改めて認識する必要があります。

ビジネスパーソンであれば、外国人とのコミュニケーションのとき、日本の総理大臣について簡単なコメントを求められるケースがあるでしょう。そういう場面で口数よりもメッセージに意識を置くとコミュニケーションはどのように変わるのか、シミュレーションしてみましょう。

以下は、日本初の女性総理大臣が生まれたことを想定した会話の例です。

この例では、まず「現行の総理大臣が日本初の女性総理大臣」という特徴から話し始めます。その後、政治歴や人気の度合い、総理大臣の政治信念などに話が及びます。

How do you think about the current Prime Minister of Japan?

（現任の日本の総理大臣についてどう思いますか？）

悪い例：口数にこだわるケース

The current Prime Minister of Japan is the first female Japanese prime minister.

（現行の日本の総理大臣は、日本の歴史上初めての女性の総理大臣です。）

She has been a politician for 10 to 15 years.

（彼女が政治家に転じてから10から15年ぐらいが経っています。）

Most people think she has strong integrity and passion.

（多くの人が、彼女には人徳や情熱があると考えています。）

But some don't like her political beliefs…

（しかし、一部には、彼女の政治信念を支持していない人がいます。）

She believes that Japan needs to reform its social welfare system in a way that…A

（彼女は、日本の社会保障システムの変革が必要と考えていて……その変革とは……Aのようなものです。）

It's because she thinks that there are issues in the current system such as …B.

（なぜならば、彼女は、日本の現行の社会保障システムには、問題があると考えています。その問題とは……Bのようなものです。）

ここでの課題は「社会保障システムを総理大臣がどのように変革しようとしているか」というAの内容をしっかりと把握し、その内容を英語で説明できるかどうかです。

さらに「なぜ社会保障システムの変革が必要なのか」についての理由付けをBで述べようとしています。ここでも、どこまでBについての知識があるのか、さらにBを英語で説明できるだけの語彙力や表現力があるかどうかが鍵になります。

しかし、これだけの内容を英語で表現できる人というのはかなりの英語上級者でしょう。そして、そもそも聞き手がこれだけ詳細で複雑なコメントを期待していたかどうかも不明です。

日本人が「現行の総理大臣についてなにか話をしなければ……」というプレッシャーのなかで、勝手に難しい会話を選択してしまう。その結果、最後に、

Oh I cannot explain her political beliefs.
（えーと、総理大臣の政治信条を説明するのは、私にはどうもできません……。）
It is difficult to explain it in English.
（英語で説明するのは難しいです。）
I am sorry. My English is very bad…

（ごめんなさい。私の英語はひどいですね……。）

などという会話で話が途切れるケースは、日本人の英語コミュニケーションでよく見かける光景です。

ポジションをとってから必要最低限の情報を付け足す

ここで問題なのは、アウトプットを始める前に「何を伝えるか」をハッキリさせないまま、口を開いてしまったことです。

まずは相手に伝えたいメッセージを明確にすることです。CHAPTER8で学んだピラミッドストラクチャーをイメージしましょう。**結論、もしくは要旨をまず伝え、その後、それを補足する根拠や情報を伝えていくのです。**

たとえば「総理大臣は多くの国民に支持されている」というメッセージなら、まずそれを冒頭に伝えたあとでその根拠をいくつか述べます。

次のページの例をご覧ください。

ここでは「女性総理大臣である」ということを単なる事実としてではなく、「女性総

良い例：メッセージにこだわるケース

The current Prime Minister of Japan is supported by a lot of Japanese people.
（日本の総理大臣は、日本人の多くに支持されています。）

First, she is very unique as the first female prime minister of Japan.
（まず、彼女は初の女性総理大臣として、とてもユニークな存在だからです。）

Second, she has strong political beliefs.
（また、彼女がしっかりとした政治信念を持っているからです。）

Third, people expect her to solve critical issues facing Japan.
（さらに、総理が日本の直面している重要課題を解決してくれると期待されています。）

So, many people in Japan support the prime minister.
（このように、多くの日本人が現行の総理大臣を支持しているのです。）

理だからこそ支持されている」という「根拠」にしています。

政治信念についても、支持されている根拠として紹介しているため、政治信念の詳細は述べる必要がありません。よって、政治の知識も限定的で構いません。英語の表現について壁にぶつかる可能性も低いでしょう。

さらに、政治課題の解決に取り組む様子も根拠として触れているだけです。政治課題を詳しく説明する必要はなく、英語表現で悩む必要性も薄れます。「結論（メッセージ）」を伝えることが目的になっているため、余計な情報を伝える必要がないのです。

瞬間的に結論を明確にすることに、日本人は慣れていないかもしれません。しかし、思い切って自分の考えを明確にしてみましょう。つまり「ポジションを決める」のです。すると「単なる情報のキャッチボール」だったコミュニケーションから「メッセージのキャッチボール」にランクアップします。その結果、**私たちの発言の価値が高まるばかりか、英語表現の壁にぶつかるという日本人にありがちな課題も解決してくれる**のです。

Point **ポジションをとろう。自分の意見を持とう**

Rule 2 「日本人として」世界でどう振る舞うか

ハーバード留学中にとても悔しい思いをしたことがあります。それは、日本人として日本の良さを外国人に伝え、日本を否定する相手に反論して議論を覆すことができなかったことです。いまでも鮮明に当時の状況を覚えています。

ハーバード大学の学長に反論できなかった

その反論できなかった相手とは、アメリカの元財務長官であり、当時のハーバード大学学長。ノーベル賞一家に生まれ、史上最年少でハーバードの教授に就任し、自身もノーベル経済学賞の有力候補と目されるローレンス・サマーズ教授です。

「バブル崩壊後の日本経済の低迷要因」をテーマとした同教授の講演会でのこと。HB

Sのクラスメイト900人全員が大講堂に集まりました。ハーバードの政治、経済、経営学の教授陣も一堂に会していました。

同教授は80分の講演時間の大半を使って持論を展開しました。「いかに日本経済には課題が多いのか」をデータや個人的見解を示しながらの講演でした。

私はそのスピーチを聴いていて、とても悔しくなりました。自国の経済が批判され続けていたからです。それはまさに打ち返せずに殴られっぱなしのボクサーのような気分でした。

スピーチが始まった当初は大講堂の熱気に圧倒されていました。しかし、徐々にスピーチを聴くにつれ、まわりの状況が目に入らなくなっていきました。それは、同教授の展開する持論を聴いて悔しくてたまらなくなったからです。

スピーチが終わると私は、真っ先に手を挙げ反論をしました。なんとか一人の日本人として言い返さなければ、と思ったからです。しかし、私の意見はさらりとかわされ、その後も教授の持論が展開され、日本経済、日本社会に対するダメ出しが延々と続いたのです――。

私に欠けていたのは、政治、経済、歴史に対する見識、プレゼンテーション力、論理的なコミュニケーション力など、挙げればきりがありません。そして説得力のある英語力も不十分でした。
実はそのときの悔しさが、私の英語学習へのモチベーションとなっているのです。そして、日本人ビジネスパーソン全体の英語力向上を実現したいという想いにつながっています。

グローバルな場では、あなたが日本代表

グローバルな場では、私たち一人ひとりの意見や考えは、単に個人のものではなくなります。他国の人に囲まれた環境においては、自分の発言は「日本人の戸塚が言った意見」として捉えられます。**私たちの言動は、日本代表としての重みを持つのです。**

私のいまの職場には、イギリス人、フランス人、ドイツ人などの同僚がいます。彼らと会話をかわすとき、彼らの意見を「イギリス人の意見」「フランス人の考え」「ドイツ人の好み」と捉えている部分があります。そして彼らが日本人の考え方について私に聞けば、私の答えは「日本人の代表意見」として捉えられるでしょう。

サマーズ教授のスピーチで手を挙げた瞬間は、日本人として悔しかったことが原動力でした。そのため、大講堂に集まる大人数のクラスメイトや他の教授陣のことを気にす

ることなく、手を挙げることができたのです。それは、日の丸が背中を押してくれたような感覚でした。

私は「英語の下手な日本人」と言われると悔しく感じます。直接、英語で反論できなかった自分を申し訳なく感じます。帰国後に日本語でどれだけ友人や知人にサマーズ教授への反論を聴いてもらっても「後の祭り」です。内弁慶でしかないのです。なんと、カッコ悪いことでしょうか。

自分のキャリアのために英語を身につける、という視点は当然です。そこで、ちょっぴり「日本を代表した意識」を持ちあわせてみるとエネルギーをもらえます。日本をもっと世界に発信するために英語を学んでみる。そんな気持ちもあっていいのではないでしょうか。

日本の代表として、他国の人に日本の魅力を伝える。「日本ってすごいな」「日本人って面白いな」「日本の文化って素敵だな」。こう言わせるために英語を習得する。こうした大義は、私たちの背中を押してくれる心強い味方となるはずです。

Point **日本人としてのプライドを持って英語を身につけよう**

CONCLUSION

日本人ビジネスパーソンが目指すべき場所

ずっと「英語が大切だ」と言われていますが、私たちが英語を学ぶ目的は、いまだに不明確であるように思います。

その目的は、本書のテーマである**「自分の意見を伝える」**というひとことに尽きます。そして、自分の意見を伝えるために必要なのが**「シンプルな英語」**を身につけることなのです。

多忙なビジネスパーソンが英語を習得するためには、大切な三角形があります。それは、以下の3つの要素で囲まれた三角形です。

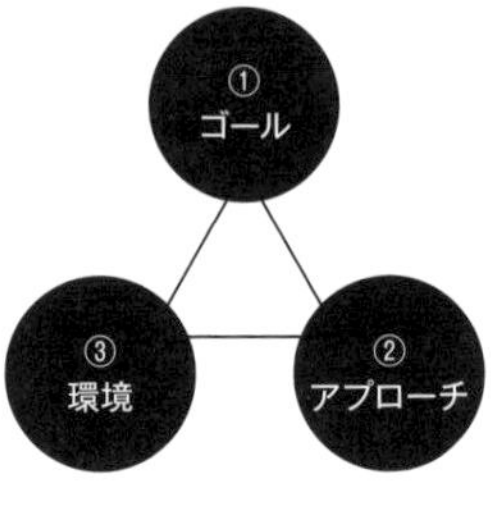

ここでの「ゴール」とは習得すべき英語の姿であり、「アプローチ」とは勉強法のことであり、「環境」とはモチベーションの維持の方法やサポート体制のことです。この3つがそろうと、目に見える成果が短期間に生まれます。

これを企業経営の考え方に当てはめれば、以下の三角形となります。

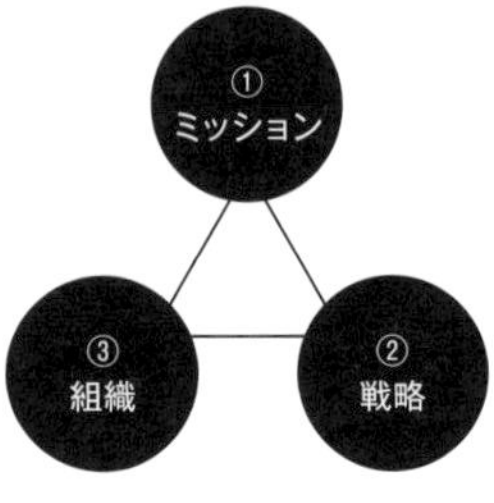

会社が目指すゴール、つまりミッションがあり、そのゴールに向かうアプローチといえる戦略があり、その戦略を実行に移していくための組織体制があります。

そして、この三角形で最初に決めるべきことは、会社のミッション、まさに、会社の目指すべきゴールであることは明らかでしょう。向かうべき方向性が不明確であれば、会社の戦略は立てられないし、求められる組織の設計もできません。

英語学習においても、まず明確にすべきはゴールです。向かうべき方向が定まっていなければ、アプローチも環境も定まりません。

再三繰り返すようですが、私たち日本人ビジネスパーソンの英語学習におけるゴールは、英単語を覚えることではありません。英語の資格試験で高得点をとることでもありません。綺麗な発音を身につけることだけでもありません。流暢な英語を話せるようになることでもありません。私たちのゴールは「自分の意見を伝えること」なのです。

いまのままでは日本人の英語力は上がっていかず、グローバル経営も進まない。日本の国際競争力もどんどん下がっていく――。

私にはそういう危機感がつねにありました。

そして、この流れを変えるために取り組むべきことは、まず「私たちがどんな英語を習得すべきか」、そこをはっきりと再認識することが大切ではないかと考えました。そこで、いまから約5年前に英語学習プログラム「ベリタスイングリッシュ」を立ち上げるに至ったのです。

本書を執筆する動機も同じです。**「シンプルに伝える英語を身につける」というゴール設定を、広く伝えたい**と思っているのです。

この明確なゴール設定から、私たちの英語への向き合い方、学習方法、アプローチに変化が生まれ、私たち日本人ビジネスパーソンのグローバルコミュニケーション力の向上に微力ながら貢献できるならば、うれしく思います。

本書の刊行にあたり、船頭を務めてくれたダイヤモンド社編集部の竹村俊介さんには、心より感謝申し上げます。

本書では、前職で大変お世話になった上司から教わった内容を紹介させてもらっています。改めて、感謝の気持ちを述べさせてください。どうもありがとうございます。

英語プログラムの受講生のみなさんからはいつも大きな刺激をもらっています。この場を借りてお礼をお伝えします。どうもありがとうございます。

最後に、休日に本書の執筆に時間を割く私を励ましてくれた妻と娘には、感謝しています。いつもどうもありがとう。

2018年2月

戸塚　隆将

おすすめ教材リスト

「具体的にどういう教材を使って学習すればいいんだ？」という方のために、おすすめの教材をピックアップしました。ぜひ参考にしてください。

発音、シャドーイングに役立つ４冊

本書は英語勉強法の全体像をお伝えすることが目的のため、発音の詳細な説明は割愛しました。詳しく学びたい方のために、いくつかの教科書をご紹介します。

- 『ＤＶＤ＆ＣＤでマスター 英語の発音が正しくなる本』（鷲見 由里／ナツメ社）
- 『英語舌のつくり方』（野中 泉／研究社）
- 『魔法の英語 耳づくり』（リサ・ヴォート／Ｊリサーチ出版）
- 『ＣＮＮニュース・リスニング ２０１７［秋冬］』（CNN English Express／朝日出版社）

リスニング、スピーチに役立つ４冊

音声教材はオンライン上で数多く入手可能ですが、スクリプトを伴うものとなると数が減ります。繰り返し声に出して音読する際には、以下のような書籍教材が役に立ちます。

『スティーブ・ジョブズ 伝説のスピーチ&プレゼン』（CNN English Express／朝日出版社）
『生声CD付き［対訳］オバマ大統領就任演説』（CNN English Express／朝日出版社）
『［CD付］英米リーダーの英語』（鶴田 知佳子・柴田 真一／コスモピア）
『ダボス会議で聞く世界がわかる英語（CD付）』（柴田 真一／コスモピア）

参考文献

『英語はもっと科学的に学習しよう』（白井 恭弘／KADOKAWA）
『英語教師のための第二言語習得論入門』（白井 恭弘／大修館書店）
「DIAMOND ハーバード・ビジネス・レビュー」2012年10月号

［著者］
戸塚隆将（Takamasa Totsuka）
1974年東京都生まれ。慶應義塾大学経済学部卒業。ゴールドマン・サックス勤務後、ハーバード経営大学院（HBS）でMBA取得。マッキンゼー・アンド・カンパニーを経て、2007年、シーネクスト・パートナーズを設立、代表取締役に就任。同社にて企業のグローバル事業開発およびグローバル人材開発を支援するほか、HBSのケーススタディ教材を活用した短期集中型実践ビジネス英語プログラム「ベリタスイングリッシュ」を主宰。グローバル人材を輩出し続けている。著書に『世界のエリートはなぜ、「この基本」を大事にするのか？』（2013年、朝日新聞出版）があり、本書は20万部のベストセラーになった。

世界で活躍する日本人エリートのシンプル英語勉強法

2018年2月28日　第1刷発行

著　者——戸塚隆将
発行所——ダイヤモンド社
〒150-8409　東京都渋谷区神宮前6-12-17
http://www.diamond.co.jp/
電話／03·5778·7234（編集）　03·5778·7240（販売）
装丁————竹内雄二
本文デザイン・DTP—岸和泉
製作進行——ダイヤモンド・グラフィック社
印刷————加藤文明社
製本————加藤製本
編集担当——竹村俊介

ISBN 978-4-478-10448-4